居里夫人传

Juli Furen Zhuan

[法] 玛丽·居里/著

高晓丽/译

金 帆/编

天津出版传媒集团

天津人民美术出版社

图书在版编目（ＣＩＰ）数据

居里夫人传 /（法）玛丽·居里著；金帆编；高晓
丽译. -- 天津：天津人民美术出版社，2018.4（2019.7重印）
（经典名著轻松读）
ISBN 978-7-5305-8695-2

Ⅰ.①居… Ⅱ.①玛… ②金… ③高… Ⅲ.①居里夫
人(Curie, Marie 1867-1934)－自传 Ⅳ.
①K835.656.13

中国版本图书馆CIP数据核字(2018)第082543号

居里夫人传

出 版 人：李毅峰
责任编辑：刘 岳 陈玉洁
技术编辑：刘庆锋
出版发行：天津人民美术出版社
地　　址：天津市和平区马场道150号
邮　　编：300050
电　　话：（022）58352963
网　　址：www.tjrm.cn
经　　销：全国新华书店
印　　刷：北京市松源印刷有限公司
开　　本：720毫米×1000毫米　1/16
版　　次：2018年4月第1版
印　　次：2019年7月第3次印刷
印　　张：10
印　　数：10001-20000
定　　价：24.80元

序言

"在读书上，数量并不列于首要，重要的是书的品质与所引起的思索的程度。"人生漫漫，变化无常，我们往往不能决定我们遇到什么样的人，也不能决定自己这一辈子走什么样的路。然而，幸运的是，我们可以决定读什么样的书，读多少书。

目前，有一个词在国家自上而下的大力推广下，成了社会热词，这个词就是"全民阅读"。"全民阅读"是一件很好的事情，有国家的提倡，更容易在社会上引起阅读的潮流，弘扬传统文化，接收世界文明，塑造国民性格，提升国民素质。作为中小学生，更应该养成读书的习惯，因为青少年时期是一个人价值观、世界观和个人性格形成的关键时期，而阅读对人生正确价值观的确立起着至关重要的作用。甚至可以这样说，一个人的阅读史就是其价值观的形成史，阅读的内容与方式决定了其价值观的内容与形成过程。价值观的培养必须从青少年抓起。在青少年的成长过程中，他们的阅读数量与质量决定了其成长的方向与速度。

当今社会，电子产品带来的快节奏娱乐已经让人们的心灵变得很浮躁，他们往往不能静下心来，去慢慢阅读一本书，细品一首诗、一篇散文、一部小说……因而不能体会文字之美、阅读之乐。久而久之，读书成了一件很遥远的事情，而孩子的心得不到书籍的滋润，也将慢慢成为文化沙漠。这对一个国家、一个人来说，是一件多么遗憾、多么危险的事情啊！

正因为如此，我们国家教育部为中小学生量身定制了一套新课标推荐阅读书目，还把一些世界经典名著列入其中，在考试中加以考查。现在，有了国家对阅读的大力提倡，顺应"全民阅读"的潮流，加上学校和家长对孩子的引导，我相信我们的孩子会慢慢拿起书，悄悄喜欢上阅读，渐渐得到读书带来的快乐。

而且，有了推荐书目的指导，我们就有了阅读的方向和大致的范围，面对浩如烟海的书籍，我们就不会感到无从选择。

但是，阅读也是一门学问。怎么阅读一本书呢？读一本书的时候，我们应该注意什么、抓住什么、体会什么？只有掌握了一定的阅读方法，我们才能从《小巴掌童话》里体会纯真与美善，从《钢铁是怎样炼成的》里感受顽强与坚毅，从《城南旧事》里领略北平的风土人情，从《老人与海》里学习永不放弃的精神……

所以，我们策划出版了这套丛书，教你学习阅读的方法，掌握阅读的技巧，解开阅读的奥秘，从而提高阅读成绩，品尝阅读的快乐，得到生命的滋养。为此，我们做了以下策划：

❶ 制订名师导读方案和名著阅读导航，帮助学生详细深入理解、体会作品

为了帮助读者快速了解每一部名著的阅读要点，我们聘请教育专家和作家团队，根据中小学生的阅读特点，制订了一整套阅读方案，包括对名著主题、形象塑造、语言风格、艺术特色、作家生平、写作背景、作品评价、名著情节、人物关系、重点章节的总结与归纳等，可以让中小学生迅速把握一本名著的阅读要点，懂得怎么深入阅读名著，提高阅读能力与欣赏水平。

㊁ 名师撰写点评与赏析，帮助学生把握阅读要点，体会名著之美

名著不同于一般的作品，它的文字往往更具美感，更有深意。为了帮助学生更好地理解、体会与学习，我们特别邀请了一线著名语文教师，根据学生的需要和他们的阅读特点与水平，在文中和文末撰写赏析文字，这里有对精彩语言的赏析，有对人物形象的解读，也有对作品思想与主题的挖掘，可以帮助学生全面体会名著之美。

㊂ 设置"考试真题回放"和"阅读达标训练"，帮助学生提高考试成绩

为了适应教育部对中小学生关于阅读世界经典名著的考查，我们特意设置了"考试真题回放""阅读达标训练"两个栏目。"考试真题回放"可以帮助中小学生了解、熟悉考题范围和类型，从而更好地备考。"阅读达标训练"中的训练题，题型丰富，贴近真题，可以巩固练习。相信这二者的结合，一定会提高学生的考试成绩！

㊃ 组织多方面专家，全力为中小学生打造完美的世界名著阅读丛书

在丛书的编写过程中，我们邀请了著名作家、中小学一线著名语文教师，从文学和教学的角度对本套丛书进行整体策划、栏目撰写、严格审定，希望把本套丛书打造成中小学生新课标课外阅读读物的首选读本，让

中小学生从这里出发，拿起名著，阅读名著，爱上名著，体会名著的语言之美、人物之美、思想之美，轻而易举提高阅读成绩！

读书是一个人值得用一辈子去做的事情，因为书籍是沙漠中的一抹浓绿，是山间的一缕清风，是夜空的一轮明月……它滋润我们干涸的心田，吹走内心无名的焦灼，照亮暗夜里前行的道路……拿起名著，热爱读书，从这套书开始吧！相信你会收获人生的华枝春满、天心月圆！

目录
MU LU

● 名师导读方案

一　通过文学作品了解丰富的社会生活 ················· 001

二　把握人物形象的塑造 ···························· 002

三　品味文学作品的语言 ···························· 003

四　体会其他艺术特色 ····························· 004

● 名著阅读导航

一　基础知识 ································· 005

二　鉴赏与品读 ·························· 008

第一部分　玛丽·居里

第一章　我的家庭 ····················· 012

第二章　我的科研时光 ················· 026

第三章　战争中的我 ··················· 043

第四章　我的美国之旅 ················· 056

第二部分　比埃尔·居里

第一章　居里家族 ····················· 066

第二章　发现了压电现象 ··············· 072

第三章　物理和化学学校的科研时光 ····· 079

第四章　生活与品德 ··················· 091

第五章　实现梦想，发现了镭 ··········· 102

第六章　盛名下的重负，迟来的关怀 ······ 111

第七章　民族之悲，终成圣地的实验室⋯⋯⋯⋯⋯⋯⋯128

第八章　缅怀比埃尔·居里的文章选录⋯⋯⋯⋯⋯⋯⋯133

● 我的读后感 ⋯⋯⋯⋯⋯⋯⋯⋯⋯⋯⋯⋯⋯⋯⋯⋯⋯138

● 中考真题回放 ⋯⋯⋯⋯⋯⋯⋯⋯⋯⋯⋯⋯⋯⋯⋯144

● 阅读达标训练 ⋯⋯⋯⋯⋯⋯⋯⋯⋯⋯⋯⋯⋯⋯⋯147

● 参考答案 ⋯⋯⋯⋯⋯⋯⋯⋯⋯⋯⋯⋯⋯⋯⋯⋯⋯150

名师导读方案

著名作家+著名老师＝联合导读

名著阅读四大要点

一　通过文学作品了解丰富的社会生活
二　把握人物形象的塑造
三　品味文学作品的语言
四　体会其他艺术特色

一 通过文学作品了解丰富的社会生活

文学作品反映了宏阔的历史画面，展现了丰富的社会生活。阅读文学作品，要注意把握作品的主要内容，了解作品所反映的社会生活。

❶ 了解作品中所展现的社会生活

文学作品往往通过设置重要的情景以及典型事例来反映社会问题，揭示出相关的社会现象。阅读名著，要注意把握作品的主要内容，了解作品所反映出来的丰富的社会内容。

玛丽·居里用波兰语教授孩子们课程 →	作者通过对自己的讲课经历的描述，体现了俄国对波兰民族的统治和压迫，以及波兰人民民族意识的觉醒，并表现了他们不屈的反抗精神。

| 一九一四年，玛丽·居里奔赴战场救治伤员 | → | 反映了第一次世界大战给普通民众带来的伤痛。 |

❷ 体会作者在作品中所表达的思想和感情

文学作品在反映社会生活的同时也饱含了作者的思想和情感，体现出作者对社会生活的评价和态度。阅读名著时要注意把握文章的中心思想。

| 玛丽·居里受邀参观美国高校，并对美国的教育体系和学生的精神面貌表示赞许和欣赏 | → | 玛丽·居里始终醉心教育，她殷切地希望法国的高校也能进行变革，多多重视学生的身心发展。 |

| 居里夫妇在物理和化学学校简陋的木棚里艰难地完成实验 | → | 表现了居里夫妇对科学的热爱和不懈的追求，以及他们坚持不懈、排除万难的科研精神。 |

（二）把握人物形象的塑造

人物形象的塑造是评价文学作品的一个重要标准，学会分析品评人物形象是阅读名著作品能力的体现。阅读名著作品，要抓住人物形象进行解读，深入分析人物的性格特点，从而加深对作品主要内容和中心思想的理解。

❶ 人物形象的主要性格

塑造人物成功与否的一个关键点就是看人物是否具有鲜明的性格特点。一个能给读者留下深刻印象的形象必定具有某些不可替代性，具有其他人物所没有的个性特征。

| 玛丽·居里 | → | 热爱祖国，崇尚科学，独立，勇敢，顽强，果敢的女性。 |

| 比埃尔·
居里 | → | 热爱科学和实验，不汲汲于功名，不攀附权贵，善良，时刻惦念着工作，热爱大自然。 |

❷ 人物性格的复杂性

文学作品总是要反映生活的复杂性，人物的刻画也是如此。一个成功的人物形象不仅具有鲜明的性格特点，也具有人性的复杂性与矛盾性。

| 比埃尔·居里：
独特的个性和复杂的
社会人际交往之间的
矛盾 | → | 比埃尔·居里是个非常有想法和主见的人，但他同时也是和善、腼腆的。他始终在坚持个人意愿和尊重他人观点之间徘徊，有时候不得不迁就和让步，这让他感到十分矛盾和苦恼。 |
| 玛丽·居里：理
想和现实之间的矛盾 | → | 尽管玛丽·居里拥有天才的头脑和无限的科研热情，但有限的经费、简陋的实验场地、不完备的实验仪器始终制约着她的研究。不想用研究成果获利，却又因此失去了精良的实验设备。这一点让玛丽·居里非常困惑：到底应该怎样面对科学研究才是正确的。 |

三 品味文学作品的语言

语言的成功运用是文学作品成熟的标志，对文学语言的把握和理解是阅读能力的一种重要体现。把握名著的语言可以感受作者个性化的语言特色，可以体会作者复杂的情感和独到的感受。

| 语言直白、朴实 | → | 作者很少用华丽的辞藻来表情达意，多采用白描手法，直白地写自己的经历、科研生活以及情感世界。无论是对自己并不快乐的童年的记录，还是对自己忙碌又甜蜜的婚后生活的描述，作者都选用了热切、朴素的语言风格，而这些又和她坦诚的内心世界相符。 |

（四）体会其他艺术特色

情节叙述的技巧、情景交融的运用、结构的安排等都可以增添文学作品的亮点，甚至可以起到点石成金的作用，所以在把握文学语言之外还要注意体会其他一些艺术特色。

侧面烘托的运用 →

本书第二部分的第七章，作者没有直面讲述比埃尔的逝世给自己带来了怎样的悲痛，而是通过他人的唁电，进行侧面烘托。文中选用的三封唁电，来自三位同样伟大的科学家。在他们的言语中，读者更能体会到那种震惊、哀痛和不可置信的讶然。如此，更能烘托出比埃尔·居里的离开对于整个科学界是怎样沉痛的、不可挽回的损失。

名著阅读导航

一 基础知识

⊙ 作者简介

玛丽·居里，原名玛丽·斯科洛多斯卡，波兰裔法国籍女物理学家、放射化学家。她是放射性现象的研究先驱，也是两次获得诺贝尔奖的第一人。

1867年，玛丽·居里出生在俄国统治下的华沙，即现在波兰的首都，家里有三个姐姐和一个哥哥。她的父亲是中学物理老师，母亲是音乐家。在玛丽·居里7岁时，她的大姐索菲亚因病逝世，两年后，母亲也因长期肺痨离开了，这成了她少年时最为伤痛之事。

1891年，24岁的玛丽·居里到巴黎读书，并顺利取得学位，开始了自己的科学研究之路。1894年，玛丽·居里在一次与波兰籍物理学家的聚会中遇到了她后来的丈夫，伟大的科学家比埃尔·居里。他们一见钟情，并于1895年7月25日结为夫妇。他们志同道合，都对科学有极大的热忱和奉献精神。在11年的婚姻生活里，他们共同克服了生活里和工作上的各种困难，获得了科学史上极其伟大的发现之一，也就是镭的发现。1906年，比埃尔·居里因车祸去世。1934年，玛丽·居里因白血病辞世。1995年，玛丽·居里与丈夫比埃尔·居里一起被移葬于先贤祠中。

居里夫人是历史上第一个两次获得诺贝尔奖的人，而且是在两个不同的领域获得诺贝尔奖。在第一次世界大战时期，居里夫人倡导用放射学救护伤员，推动了放射学在医学领域里的应用。之后，她曾在1921年赴美国旅游并为放射学的研究筹款。

除获诺贝尔奖外，她还获得荣誉称号无数。爱因斯坦曾说："在所有的著名人物中，居里夫人是唯一不为荣誉所困扰的人。"

在美国朋友们的极力鼓励下，居里夫人写下了《居里夫人传》。在第一部分，居里夫人记录下了自己主要的人生经历；在第二部分，她回忆了丈夫比埃尔·居里的生平经历。居里夫人以直白、朴实的语言记述了自己和丈夫是如何一步步走向成功的。居里夫妇先后发现了放射性元素钋和镭，获得了诺贝尔物理学奖。在丈夫不幸离世后，居里夫人继续深入研究，获得了诺贝尔化学奖。居里夫人品德高尚、意志坚强，是深受人们尊敬的女科学家。

⊙ 写作背景

玛丽·居里，祖籍波兰，成长于俄国统治下的华沙。少年时的玛丽·居里曾远赴法国求学，虽然条件艰苦，仍发奋图强，成绩名列前茅。求学期间，她与比埃尔·居里相识，很快便步入婚姻殿堂。自此，夫妇二人开始了艰辛而漫长的科研之路，尽管困难重重，但他们一路披荆斩棘，坚定不移地前进着。后来比埃尔·居里不幸英年早逝，玛丽·居里忍受着巨大的悲痛继续科研事业，并在朋友的劝说下，将自己的人生历程以及与丈夫比埃尔·居里共同生活、工作、研究的种种记录下来，写成了这本《居里夫人传》。

⊙ 作品主题

家庭和事业，物质和理想，当一道道人生的抉择摆在面前时，该如何取舍？正如大多数人会选择安逸和享受一样，也有那么一小部分人选择和这个物欲横流的世界背道而驰，居里夫妇就是如此。他们始终在奔向理想的道路上努力。即使脚下荆棘丛生，即使路上阻碍重重，即使后来只剩下居里夫人独身一人，他们研究的脚步也从未停止。

居里夫人讲述自己的经历，旨在表达无论经历什么，都要秉持初心，一路向前，梦想终有一天会在贫瘠中灿烂绽放。同时，居里夫人通过讲述比埃尔·居里为社会做出巨大贡献，社会却没有回报这件事，批判了当时社会对于科学的忽视。

⊙ 情节简介

　　《居里夫人传》是居里夫人自己写的生平传记，一共包括两大部分，即居里夫人传和比埃尔·居里传。本书分别讲述了居里夫人与比埃尔·居里的童年和校园生活，详细写了两人如何相识、相知、相离，更重要的是，本书讲述了两人在极其艰苦恶劣的环境下，是如何克服困难，为科学研究事业做贡献的。整本书的字里行间都透露着居里夫妇对科学的热爱，这份热爱深深感染着每一位读者。

⊙ 主要人物

　　玛丽·居里——法国籍科学家，镭的发现者，诺贝尔物理学奖获得者。她少年时赴巴黎求学，并与丈夫比埃尔·居里相识、相恋、结婚。此后，玛丽·居里一直在巴黎生活，一生致力于教育和科学研究事业，是一位伟大独立的女性，1934年因白血病辞世，终年67岁。

　　比埃尔·居里——法国籍科学家，玛丽·居里的丈夫。他是一位不汲汲于功名的纯粹的科学研究者。他为人谦和有礼，不善交际，只愿一个人沉静地思考，一生最大的遗憾就是没有属于自己的条件优良的实验室。1906年死于车祸。

　　欧仁尼·居里——比埃尔·居里的父亲，心怀大爱的医生，也是对比埃尔·居里影响极深的人。1897年搬去和居里夫妇同住，并帮忙照看他们的两个女儿。比埃尔逝世后，他与玛丽·居里共同承担生活的重担，直至1910年去世。

⊙ 人物之间的关系

　　玛丽·居里和比埃尔·居里——夫妻关系。玛丽·居里在巴黎读书期间，与比埃尔·居里相遇。他们一见钟情，并于1895年7月25日结为夫妇。他们志同道合，都对科学有极大的热忱和奉献精神。在11年的婚姻生活里，他们共同克服了生活里和工作上的各种困难。

　　玛丽·居里和欧仁尼·居里——公媳关系。1897年，居里夫妇的大女儿出生，欧仁尼·居里为了照顾孙女，搬来和他们同住，一起生活到1910年，在此期间，玛丽·居里和欧仁尼·居里共同面对比埃尔·居里的离去。后来，欧仁尼·居里生病，玛丽·居里一直悉心照顾。

二 鉴赏与品读

⊙ 艺术特色

1. 情感真挚

贯穿整本《居里夫人传》的主线是居里夫妇对于科学研究的热爱和对彼此的忠贞情意。他们是工作中的伙伴、生活中的伴侣，更是彼此的精神支柱。文中时时处处都在谈论科学研究，时时处处都有真情流露：无论是破旧木棚里艰苦实验的工作时间；还是闲暇里一道出行，畅游自然的难忘旅程；抑或是噩运突至，天人永隔的意外，都一样地感人肺腑，动人心弦。

2. 意蕴深刻

本书通过讲述居里夫人和比埃尔·居里的亲身经历，向我们传达了人一定要以追求崇高理想为目标，并为此付出不懈努力的思想，告诉我们无论途中遭遇什么困难，都要不忘初心，保有对理想的热忱。其深刻的意蕴，给人以启迪。

⊙ 重点章节

为了更好地了解居里夫妇的经历以及他们为科学研究做出的贡献，我们可以重点赏读其精华部分，其精彩部分主要表现在以下几章：

第一部分 第三章 战争中的我

这一章是第一次世界大战期间玛丽·居里在法国首都巴黎的个人经历。在那个特殊的时期，在风声鹤唳、危机重重的社会环境之下，玛丽·居里没有和其他人一样四处奔走，寻找避难之所；反而投身战场，积极组建医疗队为伤员们检查身体，成功挽救了无数人的生命。玛丽·居里英勇无畏、奋不顾身的精神着实令人感动。

第二部分 第五章 实现梦想，发现了镭

这一章主要讲述了居里夫妇发现镭的过程。从偶然间发现放射性元素的存在，到放射性元素的命名，再到从铀沥青矿里成功提取到镭。居里夫妇不知度过了多少个艰苦卓绝的日夜，他们为了科学实验不畏艰辛、排除万难的伟大奉献精神，每每读来都让人为之动容。

第二部分 第七章 民族之悲，终成圣地的实验室

这一章是全书感情最为饱满浓烈的一章。作者在此深深地表达了自己对英年早逝的丈夫比埃尔·居里的哀悼和怀念，以及对不重视科学研究、不关注科学研究者的政府的不满，同时也满怀深情地呼吁人们要多多重视科学研究事业，为科学研究者提供更好的工作基础和工作环境。

⊙ 作品评价

爱因斯坦说过，居里夫人的品德力量和热忱，哪怕只要有一小部分存在于欧洲的知识分子中间，欧洲就会面临一个比较光明的未来。作为一部自面世以来就畅销不衰的经典之作，《居里夫人传》不仅仅带给我们精神上的鼓舞和鞭策，更成为我们人生道路上照明的灯，指引着每一个读者找到内心永恒的梦想力量。

第一部分
玛丽·居里

第一章　我的家庭

阅读笔记　我认识的那些美国朋友希望我能用文字记录下关于我自己的人生历程。起初我对此是拒绝的，后来因为禁不住朋友的盛情，才勉强写下这段略显粗糙的自传。即便如此，我依然无法完全倚靠这本传记向你们详述有关我这一生的所有时刻，以及那些时刻所带来的全部主观感受。因为时间已经太过久远，当时许多清晰的记忆已经随着时间的流逝而逐渐模糊。时间越久，记忆就越是晦暗不清，有时我甚至会忘记那些曾真切发生在我身边的属于我的故事。而有些时候，我的内心明明想到许多，到下笔时，却又觉得那些经历是别人的，与我自己无关。自然，每个人的一生里总有一些东西是值得铭记的。它们或是一段重要的思想，或是某些难忘的经历，是它们在推动或指引着我们的一生，使我们的生活沿着某条特定的轨迹行进。通常，这条轨迹是很容易找寻和确定的，依靠这条轨迹，就可以分析一个人的性格特征以及在这种性格的驱使下，人在进行决策时的取舍态度。

我名叫玛丽·斯科洛多斯卡，祖籍波兰。我的父母也都是生长在小地主家庭的波兰人。在波兰，像他们这样拥有一份小型产业的中产阶级家庭很多。这些家庭之间有着异常紧密的联系，它们结合在一起构成了一个社会阶层。目前在波兰，大部分知识分子都是来自这一阶层。

　　我的祖父是一所省立中学的领导，空余时间也会做些农活。我的父亲在学业上刻苦努力，曾进入俄国的圣彼得堡大学读书，完成学业后又回到祖国波兰，在华沙的一所大学教授物理和数学。后来，他与一个和他两情相悦、意趣相投的女人结了婚。这个女人虽然年轻，但已经是华沙当地某女子学校的校长。而在那时，文化教育事业是极其高尚的。

　　我的父母一直秉持着严谨敬业的态度办学，他们的学生遍布全国各地，这些学生也一直对他们念念不忘，始终感怀着他们的教导。即使到了今天，我每每回到波兰，偶遇这些学生的时候，他们依旧会拉着我，向我表达那些对我父母的深沉思念。

　　少时，每到假期，我都要去乡下的亲友家住上一阵子，这也因为我的父母虽然在城市任教，但始终保持着与乡下亲友的往来。受他们的影响，我不但开始了解波兰的乡村，甚至还不可自拔地爱上这里。在乡村，我时常有一种<u>自在无垠</u>、<u>恬淡平和</u>的快乐。此后，我对乡村和大自然始终保有极大的喜爱和热情，应是得益于这一段难忘的经历。

　　我是1867年11月7日出生于华沙的，是家中的幼女。原本我的家里有5个孩子，但由于我的大姐在14岁那年因病逝世，所以便只剩4个了，我一共有3个姐姐和1个哥哥。

　　后来母亲因为大姐的离开伤痛不已，不幸罹患绝病，于42岁那年离开了我们。那一年，我才9岁，哥哥13岁。那时的我们都沉浸在莫大的悲痛里。

　　亲人的离开，是我的一生中最为痛苦悲伤之事。此后经年我时常无故置自己于消极、愁苦、悲戚之中，思来必是此事的缘故。

　　母亲是很柔婉淑德、温柔良善的人，且她腹有经纶，心怀坦荡，颇有容人之量，家里的人因此对她都很信服。母亲虔诚地信奉天主教（我的父母都是天主教徒），可她却能接受人们对于宗教信仰的不同声音，从不勉强别人顺从自己的观念。母亲的言行一直深深地影响着她的儿女们。而我，因是家中幼女的缘故，总偏多几分宠爱，所以对于母亲，我的记忆里除了有浓浓的爱恋之外，还有无限的敬仰。

母亲过世后，家人们时时感到胸中涌动着怅然若失、无所寄托的寂寞，即使多年后也不曾消解。而我的父亲虽然和我们一样悲恸欲绝，却不曾如我们一般将自己置于抑郁颓唐的境地之中。<u>他终日寄情于工作以及对我们的教育，不让自己有太多的空余时间。</u>

由于父母都从事教育行业，我们几兄妹也早早进入学校接受教育。我6岁时就已经入学，是当时班里个子和年龄都最小的学生。那时每每班里有听课或参观的人，老师总会唤我这个坐在最前面的学生上台朗诵课文。我羞于在人前开口，每次都吓得不行，只想逃出教室，躲到别人找不到的地方去。我的父亲是非常优秀的教师，对我们的学习非常上心，他也懂得如何帮助我们。起初，我们念的是私立学校，后来由于家里变得拮据，我们不得不转至公立学校就读了。

彼时，华沙正处于俄国的严酷统治之中，首当其害的便是学校和学生。当时，波兰的学校分公立和私立两种，私立学校的老师都是波兰人，但因受到警方的监视，必须用俄语教学。学生们自小就接触俄语，久而久之，反倒是对自己的母语感到生疏了。幸而，私立学校的波兰老师们总是想方设法地让学生们多多学习波兰语。当时还规定，不准许私立学校发放正式文凭给学生。

至于那些俄国人领导下的公立学校，那里没有学富五车、德行高尚的教育工作者，反而尽是仇视波兰民族，对待学生就像是对待敌人一样的俄国教师。学生们终日都得小心谨慎，如履薄冰。就连日常的遣词用句，学生只要稍有不慎，都会受到严厉的苛责或处罚，甚至会累及家人。久处于这样阴霾压抑的环境之中，学生们不仅会被磨灭掉烂漫纯真的天性，而且道德品质也会受到恶劣的影响。但这样的统治就像一把双刃剑，一方面它的确压制了波兰人民民族意识的觉醒，另一方面也极大地激发了波兰人民，尤其是青少年们的爱国热情。

我的少年时代就是在丧母之悲和民族之恨的双重夹击下度过的。关于那一段记忆，留存下来的大都是沉默灰暗、毫无生气可言的片段；间或有一些愉悦的记忆，也都是亲友和父亲带给我们的。父亲热爱文学，平日熟读各国诗歌，也会自己作诗，他常就家中小事写一些短诗，每每他新得了一首好诗，都令我们崇拜不已。记得那时，每到周末晚间，我们就会促膝而坐，听父亲给我们诵读波兰名家的诗歌或散文，而我的爱国主义思想也在那些温馨融洽的夜晚里不知不觉地慢慢累积起来。

> 父亲是作者的良师益友，受父亲影响，作者的爱国主义思想才根植在心里。

我受到父亲的影响自小就喜爱诗歌，且能背诵不少我国名家的诗篇。其中备受我喜爱的当数密茨凯维支[1]、克拉西茨基[2]和斯沃伐茨基[3]的作品。当我后来开始接触外国文学时，喜爱诗歌的感觉就更加强烈了。由于我很早接触法语、德语和俄语，所以能够读懂这些外文书籍。后来我又学习了英语，很快就又能阅读英国的文学作品了。

我对音乐没有什么兴趣。我的母亲是个音乐家，嗓音柔美动人，她曾希望我与她一道学习音乐，无奈我志不在此，仅得了一点皮毛。后来母亲去世，我便连那仅存的一点皮毛也忘得七七八八了。未能随母亲学好音乐，成了我心中的一件憾事。

到了中学，或许是遗传了父亲的基因，我的数学和物理学得极好。父亲除了教授这两门功课外，还负责科学类的课程，他时常会同我们讲起大自然的神奇与伟大。只是有一点颇为遗憾，他虽然喜爱科学，却没有一间自己的实验室，无法进

---

[1]密茨凯维支：波兰诗人，革命家。
[2]克拉西茨基：全名为伊格内修·克拉西茨基。
[3]斯沃伐茨基：全名为尤里柳斯·斯沃伐茨基，波兰浪漫主义诗人。

行实验。

记忆里最欢乐的时候便是假期。我们避开了警察的窥视，在乡村亲友的家里自在地生活。我们在林中田间或奔跑喊叫，或劳动耕作，真是满心舒畅，自在异常！也有些时候，我们会越境到加里西亚山，那里不是俄国的势力范围，而是由奥地利人统治的。他们比俄国人要好的一点是：我们可以在这里随便使用母语，大唱爱国歌曲，而不必担心被捕。

我因为自小长在平原地区，所以格外向往山林中的生活。我曾在喀尔巴阡山的村落里生活，内心十分喜欢。抬眼远望，远处重峦叠嶂，奇峰异出；低首俯视，峡谷幽深隐秘，一汪碧水荡漾其中，直叫人心神荡漾，澎湃不已。这些山间湖泊大都有着风趣雅致、令人神往的名字，"海神之眸"便是其中一个。至今，我从未忘记那一望无垠的平原、那开阔的视野，以及那醉人的景色。

后来有一次，我随父亲一道去更南边的波多尼亚休假，在那里的敖德萨我生平第一次见到了大海，后来我还去了波罗的海，那次经历是十分美好和难忘的。可是，直到去了法国，我才真正见识到了海的波澜壮阔、浩瀚无垠。一直以来，我只要一看到大自然的新景象，就会高兴得像个孩子。

学校的时光总是过得匆匆，转眼间我的哥哥已经完成了医学院的学业，成为了一名医生，后来还顺利在华沙当地一家医院当上了主任医师。我的大姐毕业后在教师和医生之间进行了一番抉择，最终选择做一名医生。后来她在获得巴黎大学的医学博士学位后，嫁给了波兰籍的内科大夫德鲁斯基，夫妇二人共同在奥属喀尔巴阡山区创办了一家大型疗养院。我的二姐在华沙与斯查莱先生结了婚，和父亲一样成为一名教育工作者。波兰独立后，她成为一所中学的校长。

我中学毕业时刚满15岁，虽然成绩优异，但似乎是劳累过度的缘故，发育状况不是特别理想。于是父亲在我毕业后强制我去乡村休养了一年。结束后我重新回到华沙，待在父亲身边。那时的我本想去中学执教，但眼见父亲年事已高，家里收入又微薄得可怜，我只好放弃之前的想法，于17岁寻到了一份待遇优厚的家庭教师工作，只是工作地点不在华沙，需要离家去异地工作。

直至今天，那时离家的场景依旧历历在目：火车隆隆，带着我沉重的心不断飞驰，渐渐远离家乡奔向远方。火车之后，还有5个小时的马车，前路茫茫，我根本不知道等着我的是什么。

我任教的地方是一家庄园。家里有3个孩子：2个女孩、1个男孩。其中最大的女孩与我年龄相差无几，后来在与我一同学习的过程中慢慢熟识，最后成了我最好的玩伴。那时候每日课业结束后，我都会和3个孩子出门闲游。这里的景致虽然不算十分美丽，但好在四季分明，春夏秋冬各有韵味，倒也不至于单调乏味。再加上我在农村生活过，所以并不觉得无聊。后来，随着时间的慢慢推移，我又对庄园里的种植技术产生了极大的兴趣。渐渐地，我便习得了这种被认为是当地先进典型的种植技术。我还在与马匹的相处过程中慢慢摸清了马的脾性。

在庄园里最快乐的时光就要数冬天了。天地莽莽，千里冰封，漫天匝地一片雪白。我们乘着雪橇在茫茫的雪地上飞驰，溅起的雪挡住了视线，我朝着架橇的人大喊："小心河沟！"然而那人却毫不在意地回答我："别害怕！我们正在向河沟里进发！"说着话，我们便连人带橇一齐翻倒了。其实，在这样的冻原上翻倒并没有危险，反而增添了玩耍的乐趣。

我记得有一年冬天，下了一场极大的雪。雪花漫天，积了厚厚一地。我们就用这厚厚积雪堆砌起了一座造型特异的雪房子，然后一起挤在雪房子里看外面的茫茫雪原，有时我们也去滑冰，所以总担忧天气变暖，带走我们的欢乐时光。

在欢乐时光之外，我也会利用暇余，把村里因俄国人的统治无法求学的孩子们组织起来，用波兰语教他们读书识字。庄园主家的大女儿也会一起帮忙。孩子们的家长因此对我十分感谢。但其实，我的这一举动是政府严令禁止的，我因此承担了极大风险：一旦被发现，就有被捕入狱或是流放西伯利亚的危险。我的这种义务教学虽然有利无弊，但政府却认为不利于社会稳定。

我一般都会利用晚上的时间学习，尽管那时的我尚且不知该往哪个方向努力。我喜欢文学和社会学，也对数学和物理有兴趣。后来在不断的探索中，我发觉自己还是更热爱数学和物理，于是便朝着这个方向去充实自己。我还下定决心要去巴黎求学，并为此做了极其详尽的准备，包括积攒足够我在巴黎学习和生活的费用。

在自学过程中，我遇到了很多困难，因为我中学时所学的课程并不完全，与法国中学教授的课程相差很大。于是我便买了许多书籍来自学，虽然进展缓慢却也收获了许多有用的知识，还让我养成了独立思考的习惯。

可惜我的这一决定在二姐去巴黎学医时就不得不放弃了。因为我们家里的经济条件并不允许两个孩子同时赴法留学。于是我和二姐约定：两人互帮互助，交替去巴黎求学。后来，二姐先去了巴黎，而我就在这位庄园主家里又工作了三年半，直到把3个孩子的课业全部教完我才回到了华沙，并在那里寻到了一个类似的工作。

在新的岗位上我又工作了一年。这一年里，父亲从工作岗位上离退，我也得以与他共度了一年的幸福时光。在这段时间里，父亲在家写一些文学作品，我赚钱养家。同时，我依旧勤勉自学，不曾懈怠。当时，想要在俄国人统治下的华沙实现自己的理想并非易事。但相较于乡村，显然还是华沙的概率更大一些。而最让我激动的是，我居然可以进入一间实验室进行实验。那是市政府辖下的一间小型实验室，我的堂哥是这里的主任。因他的缘故，除却夜里和周末，我每日都有独自一人在这里实验的机会。我根据课本上说的方法做各种物理和化学实验，结果总是意想不到。实验中，每有一点成功和进步，我都会欢呼雀跃、兴奋不已；但实验并非永远都成功，我也会因为缺乏经验导致失败而沮丧颓唐。据此，我深切地体会到一个道理：通向成功的道路并非一帆风顺。这也让我更相信：依我的天赋来看，我更适合物理和化学。

后来，我又找到了一份教师工作。我加入了华沙当地一个由波兰年轻人组织起来的学习团体，团体中的年轻人都是醉心教育且有着共同学习意愿的。这个团体有着自己的学习方法，且具有一定的政治色彩。团体要求每位成员必须有服务大众、振兴祖国的远大抱负。在团体的某次聚会中，有位青年曾这样说："振兴祖国的希望只能依靠于民众文化水平的提高和思想道德的加强，只有如此，才可提升我们的祖国在世界各国中的地位。因而我们当下的首要任务就是在提升自身文化水平的同时，也让工人和农民获得足够的知识。"对此，众人商议决定：利用每日夜间向广大的人民群众教授知识，每个人只教授自己最擅长的部分。据此不难看出，我所在的这个团体是有秘密结社的性质的，所以需要众人具有一定敢于冒险的精神。不过，好在团体中的人都具备为国捐躯的精神，这也是我时至今日依然相信这个团体中的每一位参与者都将为祖国和社会做出极大贡献的原因。

我那时就是这个团体中的一员。团体中那种互相鼓舞、探讨互助的精神，现在想来也仍使我欢喜、兴奋。尽管后来因为经费原因，这个团体并没有长远地发展下去，但直到此刻，我依旧相信，当时我们组织的活动和对理想的不懈追求，是使整个波兰社会前进的唯一动力。

如果世上的人们得不到良好的教育，没有优良的素质，是根本无法建立起一个美好的社会的。为了达到这一目的，社会中的每个人都需要完备自身，一同分担社会责任，竭尽所能地

> 知识是照亮黑暗的火把，驱散阴霾的阳光。从青年的话中不难看出，这一团体的成员们是极具远见和抱负的。

将自己的本职工作做到最好，同时对有需要的人进行有效的帮助。如此这般，我们所处的整个社会才会走向更加辉煌灿烂的未来。

此番经历更坚定了我要学习、深造的决心。父亲虽然经济状况不佳，可他依旧在尽力帮助我实现梦想。姐姐在巴黎刚一完婚，我便立即决定要动身前往巴黎，和她住在一处。虽然我与父亲当时都希望我能在结束学业之后回到祖国，承欢膝下，但因后来我在巴黎成婚，便再也没能回到华沙，回到父亲身边。

父亲早年间一直想要做科学研究工作，于是我后来在法国取得的种种成就便成为远在华沙的父亲的慰藉。因为我完成了他的梦想，所以即使我们之间距离遥远，父亲也能保持愉悦的心情。这份伟大的父爱令我此生不敢忘却。后来父亲和我的哥哥生活在一起，以祖父的身份慈爱地教养着自己的子孙们。1902年，年逾古稀的父亲离开人世，留给我们的只有永远的悲戚和憾然。

1891年11月，24岁的我终于来到了梦寐以求的巴黎，实现了多年的夙愿。在巴黎我受到了姐姐、姐夫的热情款待。但我在他们的住处只停留了数月便离开了，因为他们为了工作方便居住在巴黎郊外，与我读书的学校相距甚远，我需要时间好好学习，就得在学校附近居住。所以，我就和大多数来此求学的波兰学生一样，在学校附近租住了一个小房间，虽然房间里设施简陋，但我仍在这个房间里度过了4年的学生生涯。

那4年学习中取得的进步，我现在不可能全部说出来。4年里，我孑然一身，了无挂碍，将全部精力都投入到学习中去，取得的进步更使我踌躇满志，欢喜不已。学业上虽然成功，可我的日常生活却过得十分艰难。因为我自身存款不多，家人也没有很大的能力帮助我。那时我住在顶层的阁楼，冬季天气寒冷，暖炉体积又小，屋子里无论如何也烧不暖和；而且因为没有足够的煤炭，就连盆里的水也会在夜里冻成冰块。为了睡觉时能暖和一点，我需要把全部衣服都压在被子上面。至于烧饭，我更是只有一盏酒精灯可用。通常，我都是只吃一点面包、几个鸡蛋和一个水果，再喝一杯巧克力。我独自一人处理生活中的琐事，就连取暖用的煤炭也是我自己搬到7楼的，没有任何人帮忙。不过据我所知，并非我一个人这样，大多数波兰留学生也如此艰辛。

尽管在外人眼里，我的日子太过艰苦，可我却怡然自得，每日都以愉悦的心情沉浸在学习中。这段在巴黎的生活经历使我明白了自由独立精神的可贵。在巴黎这样的大都市中，我籍籍无名，独自一人生活在属于我的窄小天地。尽管我孤身一人，客居异乡，无所依托，我却从未感到落寞颓丧，也未有冷清孤寂之感。虽然在某些时刻，也偶有几分孤独在心间盘绕，但我向来心境平和，精神富足，所以那几分孤独很快便会消散。

我将所有的时间和精力都投注在学习上，尤其是在学习初期，的确遇到一些困难，因为此前我的基础知识薄弱，即便来此之前做了大量的准备，仍是不够完备，和我的法国朋友相比有着极大的差距，特别是数学，我不得不更加努力追赶落下的进度。我白天的时间里大都在课堂、实验室、图书馆中度过，晚上则是在我的小阁楼里努力到深夜。每每在学习上有了新的领悟，我就会有如获至宝的喜悦和兴奋。在我眼前，科学世界的大门正缓缓打开，能够学习这些知识，真真是令我极为欢欣的。

此外，与同学间的友好往来也是令我印象深刻的。那会儿我刚到巴黎，羞怯内敛，寡言少语，后来发现这里的同学们个个待人和气，学习刻苦，我便慢慢与他们熟识，同他们一起研究学习中遇到的问题，这也令我的学习兴趣更加浓厚。

在我读书的系里，没有和我一样来自波兰的学生，但我与一个波兰侨胞的小团体来往频繁。我时常与他们在一间陋室里集会，探讨有关我的祖国波兰的各种事情，而我也可在此尽情挥洒我对祖国的情感。我们一起出去散心，偶尔参加公众集会，对政治怀有极大的热忱。但是在第一学期即将结束时，我退出了这个小团体，因为我想要将全部时间都放在学习上，早日完成学业。所以即使在以后的假期里，我也仍在争分夺秒地学习数学。

所幸我的努力没有白费。我成功弥补了此前在知识上落下的差距，得以顺利通过考试。1893年，物理学结业时我名列前茅；1894年，数学结业时，我排在乙等。我对于自己取得的成绩十分满意。

后来我姐夫在与我说起那些年我刻苦奋斗的经历时，打趣说那是"我妻妹一生里最无畏勇猛的日子"。而我自己也将这段日子里的刻苦拼搏视为漫漫记忆中最美好的时光。在那段时间里，我孤身一人，不舍昼夜地努力，终于有能力进行科学研究了。

那是在1894年，我第一次遇见比埃尔·居里。我的一位同胞，在弗利堡大学任教的朋友邀请我去他家里做客，同时受邀的还有他十分赞赏的一位巴黎的青年物理学家。当我走入这位同胞家的客厅时，第一时间就注意到了那位年轻人。他面向阳台的法式窗户站着，好似镶嵌在玻璃窗上的一幅油画。他身形颀长，有着红棕色的头发，一双清亮透彻的眸子。猛一看到他时，你就会觉得他是个沉浸在自我世界中的造梦者。他待我真实而质朴，仿佛对我印象极好，这次见面结束后，他希望能与我继续见面，一起讨论社会和科学问题，在这些方面我们二人意见统一，很是投缘。

之后，他便经常去我的学生公寓找我，我们也逐渐成为朋友。他总是同我讲起很多，包括他的工作状况、科学研究以及为科学奉献的理想和决心。不久后，他便向我表露心迹，想

作者用姐夫的话再次侧面描写自己在巴黎求学时的不易。

大量的外貌描写，勾勒出了年轻英俊的物理学家形象，也从侧面说明，在相遇之初，比埃尔就给作者留下了深刻的印象。

要和我一起生活，一同实现科学梦想。初时，我犹豫不决，始终无法下定决心，因为同意就意味着我得永远离开祖国和家人了。

那年假期，我回到了波兰，当时还没有决定是否还要再返回巴黎。但到了秋天，我因为准备博士论文再次回到了巴黎，并进入了巴黎一家物理实验室，开始进行研究实验。

我再次见到了比埃尔·居里。因为科研的关系，我和他的接触越来越多，二人的关系也更加密切。我们逐渐意识到除了对方以外，都不会再寻到更适合的另一半，于是我们便决定结婚，并在1895年7月举行了婚礼。

那时，比埃尔·居里刚取得博士学位，且受邀在巴黎物理和化学学校任教。那一年，他才26岁，却已经是国内外颇负盛名的物理学家了。他把所有精力都放在了科学研究中，从不在意自己的职位和薪酬，所以他的经济状况一直不佳。婚前，他一直与父母一起生活在巴黎郊区的苏城。他十分孝顺长辈，还记得他初次与我谈及他的父母时用了"慈父仁母"一词。事实上他并没有夸张，他的父亲是一位颇有成就的物理学家，为人积极乐观、性格坚毅；他的母亲温婉贤淑，一生相夫教子，从无怨言。他的哥哥是蒙彼利埃大学的教授，是比埃尔十分敬重的人。他们二人兄友弟恭，感情深厚。能成为这样一个温馨家庭中的一员，我内心十分欢喜，而他们一家人也对我的到来表示了热情的欢迎。

我们的婚礼很简单，只有少数的亲友参加。最让我高兴的是，我的父亲和姐姐也从波兰赶来了。我和比埃尔并没有特别准备礼服，我们想要的只是一个能让我们安心居住和工作的地方。我们找到了一个三居室的房子，窗外还有座美丽的花园。屋里的家具用品是长辈们帮忙添置的，还有位亲戚送了我一份礼钱，我用它买了两辆自行车，方便日后出游玩耍。

名师伴你读

▶品读与赏析

　　在文章开头，作者曾说过：总有一些东西在推动或指引着我们的一生，使我们的生活沿着某条特定的轨迹行进。那么，深深影响着玛丽·居里一生的应该就是她的爱国主义情怀。得益于父亲的教诲，幼年丧母、少年离家、青年远赴巴黎求学，这一系列的坎坷和困难都没有让她产生放弃的念头。从越境去加里西亚山高唱国歌，到在庄园里组织波兰语教学，再到参加热血激荡的青年团体，无一不是她爱国主义思想的体现。而这一思想，对她的整个人生来说也是影响巨大的。

第二章　我的科研时光

阅读笔记　　　婚后，我便开始了全新的生活，这与我此前孤独一人的时候相比，简直发生了翻天覆地的变化。我与丈夫志趣相投，共同的工作和兴趣将我们紧紧联系在一起，每日每夜，极少分开，所以我手中只有少数几封比埃尔写给我的信件。比埃尔在教学之外，把所有时间都用于在学校的实验室里做实验，而我也被允许和他一同在那里工作。

我们住得离学校很近，每日里来来去去都用不了太多时间。因为收入不多，我们都是自己做家务，甚至自己煮饭，这就在时间上与我们的学习研究起了冲突。这实在是一个棘手的问题，不过好在我很是坚忍，马马虎虎地算是解决了这一难题。最让我高兴的是，我们的生活没有被这些琐事所扰，依旧和往常一样温馨和睦。

我在实验室工作的时候，还得进修部分课程，因为我决定参加师资合格证书的考试，为了日后能在女子中学里执教。通过一段时间的奋斗，1896年8月，我以第一名的成绩顺利地通过了考试。

工作之外，我们常常散步，或是骑自行车去郊外游玩。比埃尔十分热衷于户外运动，对于森林里的动植物也有着浓厚的兴趣，他的脚几乎踏遍了巴黎附近的每一座森林。而我向来对乡村生活十分喜爱，所以我们夫妇二人常常一起骑车郊游。这种郊游对于我们是大有裨益的，因为这不仅可以让我们的大脑在紧张的工作之余得到极大的放松，还能舒缓我们紧张的心情。郊游归来，我们往往会收获几束芬芳馥郁的花草。甚至有时玩心大起，我们会忘了时间，深夜方归。此外，我们也定期去看望比埃尔的父母，他们给我们留着专用的房间。

休假时，我们可以骑着车到很远的地方去。我们去过奥弗涅和塞樊纳地区，也去过海边的许多地方。我们喜欢全天的远游，晚上就宿在另一个新的地方。倘若在同一个地方待得久了，比埃尔就会惦记着回到他的实验室里去。有一年休假时，我们还去了喀尔巴阡山探望我的家人，比埃尔也因为这次远行而学会了几句波兰语。

当然，对于我们来说最重要的还是科学研究。比埃尔每日都会认真备课，对自己教授的课程非常认真。有时我也会帮他搜集一些材料，在材料搜集过程中，我也从中有所获益。不过，我们的大部分时间还是用于研究。

那时，比埃尔还没有自己的实验室。虽然学校提供了实验室，但这并不能够满足他的研究需要。于是我就将一个不常用的角落给他辟作"实验角"。地方虽然略显狭窄，但好在随时可以使用。从此事中我悟出一个道理：人可以在外在条件不尽如人意的情况下，通过努力改变现状，进而心情愉悦地工作。那段时间里，比埃尔忙着晶体研究，我则在研究钢的磁性。1897年，研究结束后，我发表了研究报告。

同年，我们的女儿艾莱娜降生了，我们的生活再次发生了变化。几周后，比埃尔的母亲去世了，我们便将他的父亲接来同住，并在巴黎郊外租了一个有花园的房子。比埃尔生前，我们一直同他父亲住在一起。

女儿的降生也带来了一连串的问题：如何能在看护女儿和科学研究中找到均衡之法呢？倘若放弃科学研究，对于我来说无异于巨大的痛苦，就连比埃尔也觉得我不应该就此放弃。他常说，上帝赐予我这般优秀的妻子，就是要我与他分享一切的。因此我们二人都没有放弃科学研究的打算。

苦中作乐，苦中有乐，也唯有醉心研究的居里夫妇才会如此。

只是这样一来，我们就必须雇一个女佣了，但我仍然亲力亲为地照料女儿的一切。在我去实验室工作时，女儿便由她的祖父照看。祖父很疼惜他的孙女，而这个孙女也给他的生活带来无数快乐。家人之间互相关心、谅解，让我能安心地从事科学研究，同时也没有影响到对女儿的照料。只有在特殊时期，譬如女儿生病期间，我因为日夜照料她，生活规律才不得不被打乱。

因为我们都格外注重事业，不愿被外界打扰，所以我们的朋友寥寥无几。偶有一两位熟识的科学家来访，我们也都是在客厅或花园交谈，而且我的手里也都在做着针线活。至于家里的亲友，也只有比埃尔的哥哥与我们往来；我家里的亲戚们因为距离太远所以不甚来往，我的姐姐、姐夫在这个时候也已回国创业去了。

这种少有人叨扰的宁静正是我们想要的，我们也正是因此才完成了一生中的伟大事业。我们的科学研究从1897年开始就从未中断。

我开始写博士论文的时候，亨利·贝克莱尔正在做稀有金属铀盐的实验。这种有趣的实验成功地引起了我的兴趣。当贝克莱尔用不透光的黑纸将铀盐密封起来放在照片底片上时，底片就会像被阳光穿透一样出现感光反应。贝克莱尔认为，之所以会出现这种情况是因为铀盐能发散出和日光不同的，能穿透不透光黑纸的射线。另外，贝克莱尔还在实验中证明了这种射线能使验电器放电。初时，贝克莱尔误以为铀盐中射线的发生是铀盐被阳光猛烈照射的缘故，但随后他就发现即使在黑暗中放上几个月，铀盐也依旧会放出射线。

比埃尔和我对这一新的发现极为关注，于是决心要对射线的性质进行研究。如果想研究这种新射线，就得先对它做精准的定量测量。我准备利用验电器放电的特征进行测量，但我没有像贝克莱尔一样使用一般的验电器，而是采用了一种能进行定向测量的设备。那时我用来测量的设备的模型，现在已经被

正是这一点兴趣，给世界带来了难以想象的伟大结果，也成就了居里夫妇一生的荣耀。

美国费城医学院收藏。

　　很快，我们便得到了结果。实验证明，铀盐射线的放射实质上是铀元素的原子特性之一，与它的物理和化学性质无关。凡是铀盐，所含的铀元素越多，它放出的射线越强。

　　于是我在想，是不是还有一些其他的元素也能如铀盐一般放射出射线？很快我便发现钍元素也有这样的特性。就在我打算对铀和钍的放射性做进一步研究的时候，我又发现了一个新的问题。

　　我曾用放射性方法检验过不少矿石，如果它们能产生一样的射线的话，就可以断定它们含有铀或钍。要是这些矿石的放射强度与矿石所含的铀或钍的成分成正比的话，倒是没有什么奇怪，可偏偏有些矿石的放射强度是铀的三四倍。我对这一发现进行了反复的查验，并得到了确定，最终得出一个推论：此类矿石中有一种未知元素，其放射性远超过铀和钍。比埃尔也赞同我的这一推论，我迫切地希望自己能早日发现这种未知元素。我相信，凭我和比埃尔的努力，一定能够取得成功。只是随着研究的深入，我们又走上了另一条新科学之路，这是此前我们从未预想过的，自此我便再也没有离开过这条路。

　　起初，我并未寄希望于这种矿石中含量较多的新元素，毕竟此前早已有人反复分析研究过它。我最初预计这种矿石中的新元素的含量不会超过百万分之一，但随着研究的不断推进，我们才发现这种新元素的含量要远远地小于百万分之一。不过这更说明这种新元素的放射性非常强。假若最初我就晓得这种新元素含量如此低微的话，真不知道自己是否还会继续坚持，因为我们不仅经费不足，设备还很落后。现在想来，也亏得那时不晓得这类研究如此困难，才会有那样大的决心去做。等到真正做起来后，即使困难不断，但只要一看到有新的研究成果显现，我就会觉得干劲十足，从而忘记那些困难了。经过数年艰苦卓绝的奋斗，我们终于分离出了这种新元素，它就是今天人尽皆知的镭。现在，我就简单地讲述一下研究和发现它的过程。

开始研究时，除了知道它的放射性强外，我们对它可以说是一无所知，我们只得牢牢追寻它的这一特性。首先就是想办法从圣约阿希姆斯塔尔运来铀沥青矿进行分析研究。我们不仅利用常见的化学方法分析，还用了比埃尔发明的精密计电器，精确测量不同部位的放射性。当然，这种方法在如今已经是新化学分析法的基础了。此后，这种分析方法被人们逐渐完善，为众人所广泛使用，他们也得以发现了其他几种放射性元素。

研究了几周后，我们便确信此前的推测是正确的，因为那种未知新元素的放射性正在有规律地增强。又过了几个月，我们从铀沥青中分离出一种和铋混合在一起的元素，它的放射性极大地超过了铀元素，且具有明确的化学性质。1898年7月，我们宣布了这种新元素的存在，并给它命名为钋①，以纪念我的祖国波兰。

在发现钋的同时，我们又在从铀沥青矿里分离出来的钡盐中发现了另一种未知元素。又经过几个月的努力奋斗，第二种新元素被成功分离，后来我们才知道它是比钋更重要的元素。1898年12月，我们宣布了这个发现，并把它命名为镭。

即使我们已经成功发现了这两种新元素的存在，但仍有大量的后续工作等待着我们。因为我们之前做到的只是利用放射性的特点在铋盐和钡盐里发现了含量极其微小的新元素，现在要做的就是要将它们以纯元素的形式分离出来。我们很快就开始了这项工作。

但想要做到这一点其实很难，因为我们的设备太落后，而且此项研究需要大量的原矿进行化学分析。我们没有足够的资金购买原矿，也没有实验室进行实验，更没有助手帮忙。一切都得从无到有，从零开始。如果如姐夫先前所言，我在巴黎时的求学日子算是我一生中最无畏勇猛的日子的话，那么毫不夸

---

❶钋：原文名为Polonium，与波兰Pologne一词近似。

★ 阅读笔记

以先前巴黎求学的艰难时期和这一时期做对比，形容自己在进行这一研究时的困难和艰辛。

大地说，从事这项研究的时期，就是我和比埃尔共同经历的最无畏最勇猛的时期。

在此前的实验中我们知道，在圣约阿希姆斯塔尔炼铀厂冶炼后的铀沥青矿废渣里含有元素镭。这座工厂在奥地利的管辖范围之内，我们设法得到了这些废渣的无偿使用权。废渣虽不值钱，想要把它们运到巴黎却不是件易事。几经曲折，我们终于成功将这些混有松针的褐色废渣装袋运到了我们的实验室，那一刻我甚至欢喜得跳了起来。而更让我们讶异的是，这一袋袋废渣的放射性比原矿还强。这些不起眼的废渣原本是堆在工厂外的松林里的，且没有经过任何处理，这对我们来说真是上帝保佑的好事。此后，奥地利政府应维也纳科学院的要求，准许我们用低廉的价格买下了好几吨这种废渣。我们在实验室里分离出的镭都是从这些废渣中提取的。而后来，一位美国女友送给我的镭是从其他矿石中提取出来的。

虽然物理和化学学校并不能为我们提供适宜的实验场地，但是校长却允许我们使用此前用作解剖教学用房的破旧木棚。棚顶上有一个大玻璃天窗，但是多处留有裂痕，每逢雨天就会往下漏水。木棚内夏天湿黏闷热，冬天冷风刺骨，虽然可以靠炉火取暖，但火焰只能使以炉子为中心的小范围内感到温暖。不仅如此，我们还得自己花钱购置仪器；木棚里仅有一张旧松木桌和几盏汽灯、炉台。在做化学实验时，常常会有味道刺鼻的有毒气体产生，我们就不得不搬到院子里做实验，即便如此，也仍会有毒气进入棚内。我们的实验就是在这样艰苦险恶的环境下一直进行的。

在这样险恶的情况下，居里夫妇还能继续研究直至成功，他们的毅力实在惊人。

即便如此，我们却认为在这个破旧的木棚里度过了我们人生中最难忘、最快乐的时光。因为实验的时候不能中途停止，到了中午我们只能在棚里随便吃点东西充饥，当作午饭。我还得不时用一根与我体重相仿的铁棍翻搅沸腾的沥青铀矿。每日工作结束，我浑身就像散了架，连说话的力气都没有了。有时，我还得研究精密的结晶，进行分离。但在满是灰尘的棚里，灰尘会阻碍浓缩镭的过程，使分离出来的东西难以保存，这也让我们十分烦恼。不过让我欣慰的一点是：这里不会有人打搅，我们可以安心做实验。实验进行得很顺利，每每看到成功近在眼前，我们就会雀跃欢呼，兴奋不已；倘若遇到了事倍功半、停滞不前的时候，我们也会悲观消沉。不过通常我们不会被这种情绪影响太久，就又去思考新的问题了。工作闲余，我们就在木棚里来回踱步，思考、研讨正在进行的实验，那种发自内心的快乐是很难用语言表达的。

⭐阅读笔记

这些所谓的"宝贝"，是居里夫妇用心血换来的成果。所以作者对它们的外形以及色泽进行了详细描写，进而表达面对初步的成功，自己心里的欢喜和激动。

　　有时我们夜里也会去木棚里，这也是一件能让我们感到快乐的事情。透过玻璃瓶或玻璃管看着我们提炼出来的宝贝们：它们那样美丽，在夜色里发散着浅浅的光，那些莹莹烁烁的微光，就好似神话里熠动的神灯，让我们高兴又振奋。

　　在那几个月的时间里，除去短暂的休假时间，我们从未停止过实验。实验结果显示，我们正一点点接近成功，由此我们的信心也越来越强。随着越来越多的人关注到我们的实验，我们不仅能够顺利买到更多的废渣，还能在工厂里进行初步的提炼，这对我们来说无疑是极便利的，让我们能节省下更多的时间去做精准的分离工作。

　　接下来，我就一心提炼纯净的镭，比埃尔负责研究新元素发散出来的射线的物理性质。我们使用了整整一吨的铀沥青矿渣才最终得出了结论：即便在含镭最丰富的矿石中，一吨原矿石中所含的镭也仅有几分克。

　　最终，我们分离出的物质终于显示出了元素应有的性质。这种元素和其他元素的光谱极为不同，我们断定它的原子量的值远超于钡。这些结论都是我们在1902年得出的。那时，我们终于提炼出了0.1克纯度极高的氯化镭，这就意味着我们已有足够的证据证明镭作为一种独立元素的存在。光这一点，就耗费了我们四年的时间。其实，假若那时我们设施齐备，资金充裕的话，或许只需一年就足够了。正是我们多年来夜以继日的努力，奠定了放射性这门新学科的基石。

几年后，我再次提炼出了几分克纯度极高的镭盐，并更加精准地测算出了它的电子量。此后，我还提炼出了纯金属镭元素。不过，1902年仍是证实发现镭并确定其性质的年份。

这几年里，我们夫妻二人始终忘我工作，不知不觉中，我们的社会地位也发生了变化。1900年，日内瓦大学想要聘请比埃尔为教授，巴黎大学也欲聘任他为副教授；同一时间，我也被塞弗尔的女子高等师范学校聘做教授。所以，比埃尔没有去日内瓦任教，而是选择和我一起留在巴黎。

在女子高等师范学校任教的日子里，我过得非常高兴。我总是想尽办法让学生们去实验室里实地操作，以提高她们的动手能力。这所学校中的学生都是20岁左右的女孩子，全是经过严格的考试后择优录取的；入学后也必须努力才能通过学科考试，成绩优良的日后方能成为中学教师。所以能够进入这所学校的学生都是刻苦努力、勤奋上进的，因此作为老师，我也很愿意将自己的物理知识倾囊相授。

只是，自从我们的研究发现被公之于世，我们的名气也越来越大，实验室里再也找不回从前的宁静，我们的研究工作也因此受到了不小的影响。

1903年，我完成了博士论文，并取得了博士学位。同年末，我、比埃尔和贝克莱尔因为发现放射性和放射性元素而共同获得了诺贝尔物理学奖。获奖后，报纸杂志对我们的事迹大肆宣扬，导致我们在相当长的一段时间里无法专心工作，每日都有人造访，或是请我们做报告，或是向我们约稿。

能获得诺贝尔奖是件极大的幸事，而且奖金数额还很高，这笔钱对我们日后的研究工作有很大好处。只是那时我们为了研究已经耗费了太多精力，两个人里总有一个人体力不济，以致我们错过了当时去斯德哥尔摩领奖和演说的机会。直到1905年，我们才前往瑞典首都，比埃尔做了致诺贝尔奖的答辞。在那里，我们也受到了瑞典人的热切欢迎和款待。

我们在简陋的条件下工作以致身心疲惫；获奖后来访者接

连不断也让我们烦躁乏累。我们一向宁静安稳的生活被硬生生破坏，生活和工作都受到了影响。我曾说过，我们需要绝对的安静来保证家庭生活和科学研究工作的稳定，前来造访的人虽说初心是好的，但他们不知长此以往会给我们的生活和工作带来怎样的后果。

1904年，我们的二女儿艾娃·德尼斯出生了，为此我不得不暂停了实验研究。同年，由于诺贝尔奖的获得以及社会上高涨的赞誉之声，巴黎大学终于聘任比埃尔担任新开设的讲座的教授，还为他腾出了一个实验室，任命他为主任。实验室并不是新建的，只是把原来空闲的房间给我们用罢了。

1906年，正当我们准备离开那座工作了多年，留存着无数欢笑的木棚时，一场突如其来的灾难降临了。我的比埃尔永远地离开了我，只留下我和两个孩子，还有我们未竟的事业。灾难让我失去了人生道路上的亲密爱人和挚友，此事对我造成的影响简直无法言说。

<u>比埃尔的离开使我精神涣散，几乎丧失了面对未来的能力和勇气。可比埃尔的话始终在我的心头盘绕，永远无法忘怀："就算我不在了，你也要一直干下去。"</u>

比埃尔离开时正是他的名字和成就广为人知的时候，无数的人，尤其是科学界的人，都在沉痛惋惜，都认为他的离开是国家的巨大损失。因此，巴黎科学教育界还让我接替比埃尔做了一年半的讲座教师。此前还从未有任何一个女人做过这个职位，巴黎大学的这一举动让我感到无比的光荣，也使我有了继续研究的动力，否则我可能已经放弃了。原本我从未想过自己能有此幸，我的心里除了为科学事业奉献一切之外再无其他。在我的家庭遭此噩运之时，巴黎大学让我担此重任，不禁使我悲从心起。我不确定自己能否担此重任，思虑再三，我还是决定尝试一次。于是自1906年秋，我便以副教授的身份开始在巴黎大学授课，两年后，我被聘为正教授。

比埃尔不在后，我在生活上多了不少的困难。从前遇事都

阅读笔记

比埃尔的话既是一个丈夫对妻子的鼓励，也是一个科学家对于自己深爱事业的热忱的反映。

是我们两人共同承担，现在也只能由我一人面对。我一个人抚养着两个孩子，比埃尔的父亲仍与我们住在一起，他主动提议跟我一同负担家庭的重担。他很乐意帮我照料两个孩子，经历了丧子之痛后，两个孙女便成了他生活中唯一的慰藉。也正因为有了他的帮助，两个孙女才能继续享受家庭的快乐。我们从不在孩子的面前表露出一丝一毫的痛苦，她们年纪还小，不应该早早接触生活的痛苦和无常。比埃尔的父亲喜爱乡村生活，我们便在苏城租下了一间带花园的房子，这里距离巴黎市区只有半小时的车程。

乡村生活的确很有好处，不但我公公可以安享晚年，两个孩子也可以去旷野里玩耍。我白日里要工作，不常在家，便请了一个保姆来。开始我雇佣的是我的一位表亲，后来又换了一个敦厚的女人，她曾经照料过我姐姐的一个女儿。由于前后两任保姆都是波兰人，所以我的女儿们都会讲波兰语。我在波兰的亲友们也会时常来此探望我、宽慰我。一般，我都会让他们赶在假期过来，并与他们在法国的海岸边见面，一次我还和他们去波兰山区住了很久。

1910年，我的公公因病去世，我悲伤了许久。在他因病卧床期间，我总是抽空去医院陪他，听他讲从前的事。那时我的大女儿已经12岁了，她对爷爷的离开表现得最为哀痛，她已经明白了爷爷对她的关爱是多么重要，也无法忘记曾经他们爷孙俩在一起的快乐时光。

苏城没有太好的学校。我的小女儿还小，她需要有益身心的成长环境，比如能够进行户外玩耍、散步，有入门教育的学校。她是个活泼聪明的孩子，还特别热爱音乐。她姐姐像她的父亲多一些，不够活泼，智力上的反应也不够敏捷，但她理解问题和推理的能力极强，这一点上还是像我和比埃尔的，很适合科学研究。但是我不太想让她进入中学读书，因为我觉得中学的课程太多，课堂时间太长，根本不利于青少年的成长发育。

我认为真正有益于孩子成长的教育应该是适宜他们身心健康成长的需求的。此外，还应让他们多学习艺术知识。但是现在的大多数学校，把过多的时间放在了读书和练习上，家庭作业又多，学生根本没有喘息的机会。而且，这些学校中的大多数理科课程不适用于生活实践。

阅读笔记

分析当下的教育现状，阐述自己的教育理念。

大学圈子里有些朋友很赞同我的观点，于是我们便组建了一个合作小组，用以对我们的子女进行新型的教育。我们每人负责教授一个学科。虽然大家工作繁忙，且孩子们的年龄参差不齐，教学任务的难度很高，但我们仍然热情高涨，对此兴趣浓厚。我们在有限的课时里把文理科知识综合起来教授，效果非常好。而且因为所有理科类课程都有辅助实验，孩子们都非常感兴趣。

就这样教了两年，大多数孩子都有所进步，尤其是我的大女儿艾莱娜。经过这种学习，她居然能插班进入巴黎某中学的高年级班，而且在学习过程中没有遇到太多困难，还顺利通过了各科考试，最终以小于一般学生的年纪考上了巴黎大学，学习理科专业。我的小女儿艾娃虽然没有接受这种新式教育，但后来也进入了一所院校。她初时只是选修部分课程，后来便转为正式学生，学习全部课程，且成绩不错，我对此也很是满意。

对于孩子们的体育锻炼，我很是关心。除了户外散步，我也特别重视她们的体操和运动。在法国，对女孩体育运动方面的教育还不够重视。我要求女儿们每天做柔软体操，也总带她们去山林和海边游玩，所以她们不仅能游泳、划船，还能远足和骑游。

当然，我仍是把大部分时间用在科学研究上，对女儿们的照料也只是兼顾。很多人，大都是女人，常常会问我是如何在二者之间权衡的。的确，要做到此事着实不易，必须有坚忍的品质，还要能够做出某些牺牲。我与两个成年的女儿一直感情深厚，相处融洽。在家庭生活里，最重要的便是相互谅解、相互尊重，否则互相之间是不能感到快乐的。我们母女之间从不会说一句伤人的话，从不做一件损人利己的事。

1906年，在刚接替比埃尔在巴黎大学的职位时，我只有一间勉强能够进行工作的实验室，不仅室内空间小而且设备也不齐全。比埃尔在世时，有些科学家和学生一直在帮助他工作，我接替后，也是因为得到了他们的大力相助才得以继续研究事业，并且取得了不错的成绩。

1907年，我得到了安德鲁·卡耐基先生的帮助，他给我的实验室提供了一笔资金作为研究费用，使那些小有成就的科学家和学生可以安心做研究。他的赞助是有价值的，能让那些致力于科学研究并且具有卓越才能的研究人员完成自己的梦想，不至于因经费问题而中断研究。为了科学研究事业的发展，社会上的贤明之士应该多多地提供这类奖金支持。

那时，我努力的方向是如何才能提炼出更多纯度极高的氯化镭。1907年，我测算出了镭元素的原子量，1910年，我终于提炼出了纯净的金属镭。这种金属镭的提炼和测定过程非常精密，需要特别细心才行。我是在一位著名化学家的鼎力相助下才获得了成功。之后我便再没有重复去做这项实验，因为在这项实验中镭元素有可能会丧失，只有特别小心严谨地操作才能避免这一情况的发生。这次实验的成功让我欣赏到这种神奇美丽的白色金属镭，但我无法让它永远保持这种美丽的状态，因为它将被用在许多其他的实验里。

至于钋元素，我始终未能把它提炼分离出来，因为它在原矿中的含量比镭还要少。所幸，我的实验室里还有一些含钋丰富的物质，我可以用它们来做重要的实验。钋放射时产生的氦气，在实验中尤为重要。

在科学研究的道路上，居里夫人始终没有停下探索的脚步，永远在寻找新的突破。

我还特地把实验室里的各种测量方法进行了改造，这花了我不少心思。我曾说过，镭的发现完全得益于精密的测量，所以我想完善测量精密度的方法，只有这样才有可能有新发现。

我想到了一个有用的方法：以镭产生的镭射线测定镭的数

量。我们利用这一方法，测出了千分之一毫克左右的镭，而且测量得特别准确。对于数量较多的，我们就会用镭射线中具有较强穿透力的 γ 射线再加以测量。我的实验室里有这种设备，以这种方法测量镭的数量比用天平测量更加快速、精确。只是，想要使用这种方法测量，就得先制定一个经过缜密确定的新标准。

对于镭的测量方法必须建立在可靠的基础之上，如此才可作为科学研究和实验的标准进行应用。除此之外，还有一个重要的原因：现代医学对于镭的需求日渐迫切，所以如何能控制镭的使用量及其射线的纯净程度都是亟待解决的问题。

在法国，人们曾就镭对生物可能造成的影响做过研究，效果很好。实验过程中所使用的镭就是由我们的实验室提供的。那个时候，比埃尔还在，实验的结果让我们喜悦不已。至此，一种全新的医疗方法——镭疗法（法国人称之为"居里疗法"）最先在法国诞生了，之后在其他国家也逐渐开始普及。镭的需求量日益增加，制镭工作也开始迅猛发展，法国建起了第一家工厂，并成功地发展壮大。随后，其他国家也纷纷建起了制镭工厂，目前最大的一家开在美国。因为美国有着含镭丰富的钒钾铀矿，从这种矿里面提炼镭相对容易一些。随着制镭工业的发展，镭治疗技术也发展起来。这种技术对于疾病有着特殊的疗效，尤其是在癌症的治疗上。因此，在许多大城市中，以镭治疗疾病的专科医院应运而生，个别医院里甚至会存有数克的镭。因为原矿中含镭的成分极低，提炼的成本高，所以镭的价格每克高达7万美元。

通过侧面描写，说明了居里夫妇研究之艰难与意义之伟大。

我们的这一发现对于社会和科学有着如此重要的作用，甚至可以治疗可怕的疾病，这一点是我们在研究之初所没有预料到的。你们一定能体会到此刻我内心的欣慰和兴奋。这是我和比埃尔多年努力辛劳所得，是任何其他东西都无法比拟的回报。

想要成功用镭治疗，必须确保用量的精准。因此，镭的度量在工业、医药、科研方面都是非常重要的。

有鉴于此，各国的科学家共同组建了一个委员会，并由全体成员制定了一个共同遵循的国际标准。这一标准的制定方法是：先用极其精确的方法测定若干极纯净的镭盐，以它作为基本标准，然后再将若干纯净的镭盐的放射性与基本标准进行对比，作为副标准，方便各国使用。我受该委员会委派，负责制定这一标准。

这项工作极其精细，容不得半点马虎。因为重量极轻，约莫27毫克的氯化镭称重时需要特别特别精准。1911年，我终于成功制定出这一基本标准。这个基本标准是一个长数厘米的玻璃管，里面装着以前用来测定镭原子量的纯净镭盐，经委员会批准之后，存放在巴黎附近的塞弗尔国际度量衡标准局。委员会还基于这一标准制备了几个副标准，并投入使用。而今在法国各地，但凡存有镭的玻璃管的，都得由我的实验室来完成标准鉴定。鉴定方法就是测量它们的辐射强度。任何人都能带着他们的镭来此测量、鉴定。而在美国，这类事情都是由标准局来负责的。

1910年，我被提名授予法国荣誉骑士勋章。此前比埃尔也有过同样的提名，但他不接受任何荣誉，便拒绝了。我和比埃尔的行为准则极其一致，在此事上我也不会违背他的意志，所以尽管内政部多次劝诫，一再要求，我也坚持拒不接受。同年，有多位同事想让我申请巴黎科学院院士。比埃尔逝世前的几个月曾被选为院士，因而我对于是否申请成为院士，徘徊良久，难以抉择。依照科学院规定，若要申请为院士，就得依次拜访巴黎的所有院士，我对此很是不愿，但若能成为院士，我的实验室便能得到资金上的支持。如此一想，我就逼着自己去参加了院士的竞选。此举自然又引起了社会上的广泛关注，人们对于科学院能否接纳女院士展开了辩论，一部分年龄大的院士对此坚决反对。最终，经过众人投票表决，我以数票之差落选。此后我便不再申请，因为最使我厌烦的便是要逐个恳求别人帮助。我认为，此种选举本就应该依照申请人的成就决定，而非个人四下求助，私下交易。就如同某些协会或学会，我从未提出过任何申请，就已经将我选作会员。

1911年年底，各种耗费心神的事情积攒在一起，让我精疲力竭，卧病在床。就在此时，我再次获得了诺贝尔奖，而且还是独予我一人。对我而言，这简直是极大的荣耀，这是对我发现了新元素并提炼、分离出镭的极大褒奖。那时我虽在病中，但还是亲赴斯德哥尔摩领奖。大姐和女儿艾莱娜与我同行。颁奖仪式极其隆重，与接待国家元首的排场不相上下，使我激动万分。我在斯德哥尔摩受到了热烈欢迎，特别是瑞典妇女界，她们的热情更让人兴奋。由于旧疾未愈，加之一路车马劳顿，我在回到法国后竟一连卧床数月。因为我病情严重，为了两个女儿的教育着想，我们就从苏城迁到巴黎市区居住了。

1912年，我与人合作在华沙建起了一所镭实验室。这所实验室隶属于华沙科学院，我被聘为主任，参与指导工作。那时我身有旧疾，没法回波兰，但我很愿意为该实验室的研究工作奉献力量。1913年，我的身体状况转好，便立即动身回到波兰参加该实验室的揭幕仪式。祖国人民对我的热烈欢迎使我激动万分，我深切地体会到，波兰群众在这样困苦的环境中，还能以强烈的爱国主义热情，创办有利于祖国的事业，实在是伟大。我永远忘不了祖国人民的这种精神。

在病情刚刚好转的时候，我便已忍不住开始四处奔走，想要在巴黎建立一个更适宜的实验室。皇天不负苦心人，我的努力终于有了结果，我理想中的实验室在1912年开始建设。巴斯德研究院提出了想要与新实验室合作的意向，后经巴黎大学的同意成立了一个镭研所，包括两个实验室：一个是物理实验室，专门用来研究放射性元素的物理化学特性；另一个是生物实验室，专门用来研究放射性在生物和医学上的应用。只是由于经费问题，工程进展缓慢，直至1914年世界大战爆发时，实验室还尚未完工。

名师伴你读

▶ 品读与赏析

　　本章主要讲述了居里夫人和比埃尔的婚后生活，以及夫妇二人一起进行科学研究，并成功发现镭的过程。本章虽然仍旧延续前文平铺直叙，没有太多情绪起伏的特点，但是在前期，对居里夫人和丈夫比埃尔一起生活、工作以及游玩的叙述中，不难感受到居里夫人柔软细腻、温馨幸福的情感世界。而自比埃尔逝世后的文字中，便很少寻到这种情感了。镭的成功提取和应用，不仅是居里夫人醉心研究的结果，应该也与比埃尔那句"就算我不在了，你也要一直干下去"有着密切的关系。

　　"就算我不在了，你也要一直干下去。"比埃尔的离开对玛丽·居里的打击无疑是巨大的，但也正是比埃尔的这句话给了她继续研究的动力。或许这也是一对科学家夫妇之间难以想象的默契。从最初觉得有趣的实验现象，到最后成功提炼出镭，历时四年，其中肯定有很多常人难以想象的辛苦。或许科学就是这样，但居里夫妇同少数科学研究者不同的是，他们的研究从来都不是为了名利，他们甚至会拒绝接受外界赋予的一切虚名。或许在他们的心里，没有什么比实验过程中的辛劳、沮丧、欢喜、欣慰等来得更有意义吧。

第三章　战争中的我

　　1914年暑期，跟往常一样，我的两个女儿在家庭教师的带领下，先我一步离开巴黎，去了布列塔尼①海滨度假屋。我十分信任这位家庭教师，很放心女儿由她带领。除了她们三人，同去的还有我同事的家属。而我自己因为工作太忙，少有时间能与他们一起过完整个假期。

　　我本计划7月底去海边和她们会合，但不断有坏消息传来，说马上就会有紧急的军事行动，于是我便放弃了去布列塔尼的想法。在目前这种紧张的形势下，显然不适合离开巴黎，我只好留下来，观察事件的发展。不久后，总动员令便发布了。8月1日，德国对法宣战。实验室里的工作人员只剩下我和一位有严重心脏病的技师，其他人全部入伍去了。

　　之后的历史事件就是众所周知的了。但在1914年的8—9月，只有住在巴黎的人才能真切地体会到那种精神，那种临危不乱的勇猛气概。总动员令传遍了法国各地，每个法国人都无所畏惧、前赴后继地奔赴前线，去保卫自己的国家。那段日子里，我每天都盼望着前线传回的消息。开始传回的消息变幻莫测，令人难以捉摸，随后的消息便开始让人觉得形势严峻而危险。初时，比利时的军民虽然奋勇抗敌却未能阻止德国军队的

―――――――――

　①布列塔尼：法国西北部的半岛，凸出于英吉利海峡同大西洋之间，面积2.72万平方千米。

铁骑，德军长驱直入至乌瓦兹峡谷，直逼巴黎而来。后来，有传言说法国政府将南迁波尔多，无数巴黎市民也随之南迁，他们都是为了躲避德军侵占巴黎后城中可能存在的危险。有钱的人家纷纷乘坐火车出城，逃往外省乡间避难。一时间火车上人满为患，挤挤挨挨难以上下。不过总的来讲，在这灾难性的一年里，巴黎市民所表现出的那种冷静、淡然、坚毅的态度仍给我留下了无法磨灭的印象。8月底至9月初，天气忽然变得风和日丽，阳光明媚，在一片瓦蓝的天空下，巴黎那些历史性建筑物显得更加高大巍然，像山一样屹立着，让人感到弥足珍贵。

德军日渐逼近巴黎，形势严峻。为以防万一，我准备把我在实验室里存储的镭转移到安全的地方去。受到政府命令，我要把镭送到波尔多，可我不想留在那里，便决定把镭送到并安置好以后，就从波尔多返回巴黎。我坐的是政府运送工作人员和行李物品的专列。一路行来，窗外皆是奔忙逃亡的人们。他们或步行，或乘车，步履匆匆，全都想要尽快逃离巴黎，寻找一个避难之所。

我在傍晚时分抵达了波尔多，我提着的装镭元素的箱子太沉，一个人提不动，只能站在站台上等人来接。但等了许久，接站的人始终未来，我焦急万分。幸好与我同来的政府工作人员见我无人来接，就帮我把箱子搬到一户人家中，拜托他们腾出一间房让我住上一晚。因为此时旅馆全部客满，根本无法订到房间。第二日一早，我找到了一个稳妥的住处，把箱子藏好，又办了一系列复杂的存放手续，这才转乘军列返回巴黎。在波尔多，我和很多当地人聊过天，他们也迫切地想从我这个来自巴黎的人口中打听到准确的消息。当他们知道我还要返回巴黎时，无不感到惊讶钦佩，使我啼笑皆非。

返回巴黎途中，列车一路走走停停，偶尔在途中受阻，一停就得几个小时，真让人焦急不已。同行的军人都有随身携带的食物，但我毫无准备，他们见我饿得发慌，就分给我一些面包，暂时缓解饥饿。当我终于回到巴黎时，听闻德军已转变进攻方向，马恩河战役开始了。

在此次大战役中，我和所有的巴黎居民一样，时而为胜利在望而欢呼雀跃，时而又觉得战败在即而愁苦忧心。其中最让我担心的便是倘若巴黎为德军所占领，我就只能与女儿天各一方，久久不得相见。尽管满腹忧愁，但我仍然坚守岗位，绝不离开巴黎一步。

当马恩河战役以法军的胜利结束时，巴黎危机也随之解除了。于是我将女儿们从布列塔尼叫回，回到巴黎继续学业。当时很多巴黎居民觉得住在外地，远离巴黎才安全，一时并不急着回来，可我的两个女儿却毫不犹豫地回到我的身边，因为她们既不愿和我分离，也不愿意放弃学业。

国家危难，匹夫有责。虽然政府没有对大学教师有任何规定，但大家都在积极行动，我也发挥一技之长，利用已掌握的知识，为国家贡献自己的一份力量。

1914年，战场状况瞬息万变，可见法国对于这场战争并未做好充足的准备。尤其在伤员救护方面，组织管理工作不到位，引得社会上舆论纷纷。我一直对这些方面的工作很关心，觉得我很适合这份工作。于是从这时起，直至战争结束，我又把所有时间和精力放到这项工作中去了。我的工作主要是为军队医院组织X射线检查和组建医疗队。同时，我还把自己的实验室搬到镭研所的新楼中，并抓紧一切机会给学生们上课。此外，我也时常研究和考察与军事相关的各种事情。

一如众人所知，X射线对内外科医生的疾病检查有极大的帮助。尤其在战争期间，可以用它确定弹片在体内的准确位置，便于医生开刀手术。而且，它还能够显示出骨骼和体内器官损伤的情况，医生也得以了解内伤的恢复情况。战时，X射线拯救了无数伤员的生命，缩短了他们的痊愈时间，给很多人减缓了病痛，使他们免于成为残疾人。

战争伊始，军队中尚没有X射线治疗设备，更别提相关方面的技师了。X射线治疗设备即使是在地方医院，也寥寥无几。唯有少数几所大医院有此设备，可X射线技师却屈指可数。战争开始后，法国各处纷纷开始建医院，但这种设备仍是稀缺。

为了解决这一难题，我立即将各实验室和贮藏室的X射线设备集中起来，于1914年八九月间建起了几个X射线医疗站，我还特别训练了志愿者操作它们。在马恩河战役中，这几个医疗站起到了相当大的作用，可是由于设备和人手不足，根本无法满足各处医院的需求。于是，后来我在红十字医院的帮助下，设计装备了一辆流动X光透视车。X光透视车是由敞篷车改装的，并在车厢里固定了X光设备和一台发电机，使用汽车发电机带动这台发电机发电，用以供应X光设备所需的电力。这辆车哪都能到，而且可以立即赶到，只要医院有需要。尤其对于需要紧急治疗的伤员，这辆车的效用更大。各家医院常常收治伤重危急病人，此类伤员由于不能移动转送，就更需要这种流动X光透视车了。

正因为这种流动X光透视车有如此重要的作用，所以它的需求量很大而且需求也很迫切。一个名为"全国伤病员救护会"的机构给我提供了巨大帮助，因为他们的办事效率极高，我想要大量增加流动X光透视车的计划才能够很快落实。我在法国和比利时之间的战区及法国其他地区，共建设改造了X射线医疗站200多个，装备流动X光透视车20辆，用以供给军队所需。这些流动车和X光设备都是社会各界的有识之士慷慨解囊，无私捐赠的。无疑，他们的捐赠对治疗伤员起了重大作用。

这些捐赠来的车辆和设备在战争初期起到了极大的作用，因为那时军中的救护单位是少有X光设备的。当卫生部门目睹了这些设备的巨大效用后，就开始自行大规模生产开来。由于军队的需求量太大，所以民间的帮助合作仍是被需要的。这种合作一直保持着。

如若那时我不曾亲自去医院和救护站实地观察，不了解他们的需求如此庞大与急迫的话，我也很难完成这项工作。因为有了红十字会的帮助，加之卫生部门的批示，我才得以去往战区和法国多地进行实地考察，并在北部战区和比利时军队驻防区的救护站进行了视察。我去了亚眠、加来、敦克尔刻、弗尔内和波普林格等地方。我还去过凡尔登、南锡、吕纳维尔、贝尔福、贡比涅和维耶柯特莱。即使在这些远离战区的地方，我仍是辗转在各个救护站之间，因为当地人员紧张，工作繁多，对于我在如此艰难的情况下所给予的帮助，他们很是感怀，甚至还写给我一些言辞热烈的感谢信，直到现在我还一直珍藏着这些信。

每每救护站的医生请我帮忙时，我都会亲自驾驶我的X光透视车前去支援。除了给伤员们检查伤势外，我也会了解他们的需求，回到巴黎后想尽办法解决他们所需。救护站的人员大都不会操作X光设备，我只好选出一些适合的人员进行讲解、培训。几天的训练以后，他们总算是掌握了操作流程，而伤员们也在我培训的同时都做完了检查。开始，了解X光设备好处的人并不多，但经过我的培训后，他们就完全明白了这种设备的奇异之处；而我与他们之间的关系也因此变得愈加友好亲密，等我下次再来这里工作时，就方便多了。

有几回驱车去外地救护站，我的大女儿艾莱娜也陪我一同前往。她那时17岁，已经高中毕业，并在巴黎大学读书。她怀抱着一颗爱国的赤诚之心，积极参加战地服务。她特别学习了护理知识，还学习了X光拍片技术，竭尽所能地与我一同作战。她去弗尔内和伊普尔之间的战区以及亚眠等地参加过救护工作。由于她工作十分出色，还受到了嘉奖，战后获得了奖章。

战时的救护工作给我和艾莱娜留下了深刻的印象。驱车去救护站的途中往往能遇上各种意想不到的困难，我们甚至都不知道前路是否通行，更不知何处栖身，何处果腹。不过好在凡事亲力亲为，不辞辛劳。

我们信心强大，运气也不错，一路上成功解决了所有困难。那时每逢我驾驶着我的X光透视车上路时，总是遇到许多问题，比如：车子需要寻一个安全之所存放，助手们有温饱问题需要解决，还要给车子寻找替换的零部件，等等。那时，会开车的人不多，而我恰好会开，所以一般都是我亲自开车。这样其实不错，虽然人比较乏累，但好在可以亲自处理突发事故，仪器设备也能更快运达目的地，若是交由卫生部门去做，必定会延误时间，耽搁大事。我快捷实时的服务还受到了军事长官的赞赏，他对我处理紧急情况的能力更是佩服不已。

我和女儿每每忆起当时奔忙在各个救护站间的情形，就会感到无比兴奋激动。我们同各医院及救护站的医生护士相处融洽，特别是他们中的女性，吃苦耐劳、敢于牺牲、无私奉献，我们对她们的精神敬佩不已，并常以她们为榜样，勉励自己克服一切难题。正因为有着共同的信仰和追求，我们大家才亲如一家，互帮互助，圆满完成各项任务。

我们在比利时救护站工作时，比利时的阿尔贝国王和伊丽莎白王后常常前来视察，我曾有幸被他们亲自接见过几次。国王和王后态度热情、温和有礼、关心伤员，给我留下了特别深刻的印象。

而最让我们感动的是，伤员们在治疗过程中强忍痛苦不叫出声的坚忍精神。每每这时，我们总是满怀怜惜钦佩之心，为他们做透视、拍X光的时候，尽量又轻又慢，减轻他们的痛苦。在搬动他们的身体时，难免会引起疼痛，但他们也能咬紧牙关，一声不吭。经过一段时间的相处后，彼此之间逐渐熟悉，我们会用简单的语言向他们传达敬意。若是有没做过透视的伤员想要了解这种设备的作用和影响，我们就会不厌其烦地向他们详细讲解。

我对于战争的憎恨来源于战时所见的种种残害人类健康的恐怖场景。那几年里我目之所见的可怕场景，随便哪一次都足以让人深深地憎恨战争。每当救护车开至前线时，那些被抬上车的青年伤员总遍身泥污，鲜血淋漓，真是目不忍视，使人心碎。重伤员们气息奄奄，命悬一线。就算是伤势较轻不至丧命的，也得忍受长时间的痛苦煎熬后才能慢慢恢复。

最让我烦恼的问题是去哪里寻找一个有经验的助手，协助我用X光设备。那时的X光设备十分罕见，所以懂得相关知识的人少之又少，而这种仪器若是交给不熟悉的人使用，就极易损坏，使用寿命也会缩短，进而很快就会变成一堆废铁。但正值战争时期，无可奈何。大多数医院对于操作这种设备的人没法要求他们了解多少医学知识，只求他们心灵手巧，有文化知识，懂一些电机知识就可以。如若是大学教师、工程师或是大学生，则只需稍加训练就可以成为合格的X光设备操作员。但是正值战时，唯有暂免兵役或是能够在我工作地点常住的人才能成为我的助手。可即便是找到了这样的人，不知哪一日又会应召入伍，赶赴前线了。这样一来，我只能再次寻找助手。

因为诸多不便，我只得另辟蹊径，培养一些女性助手。我向卫生部建议，在当时刚成立不久的伊迪斯·卡维尔医院的附属卫校增加一个X光照相科。我的建议得到了批准，1916年由镭研所负责组织这个科室，开始培训。在战争期间，共培训了150名女性。她们初到培训队时，平均只有初级教育水平，但她们都非常努力，获得了不错的成绩。学习课程除基础理论和一般的实习以外，还教授她们部分解剖知识。从培训队走出去的女性，最后都成了出色的X光照相师，并多次受到卫生部的嘉奖。她们所学的课程，只够让她们成为医护助手，但她们中的一些人却具备了独立工作的能力。

战时的这段经历使我对X光照相技术积累了丰富的知识和经验，我想要和众人一起分享这些知识，于是编写了一本《放射学与战争》。我的目的是想说明并证实X光照相技术对于医疗实践的重要价值，而且我把它在战争期间所获得的发展与和平时期的用途都做了详细的比较和说明。

现在我来讲一下战争期间镭治疗的作用以及镭研所创办时的情况。

1915年，先前存放在波尔多的镭被运回巴黎。我那时已没有时间去做正式的科学研究了，只专心用镭救治伤员。我们有一个基本原则，使用镭治疗的过程中，得确保不能用光这种宝贵物质。我们用的不是镭自身，而是镭的射气。我们将这种射气积攒到一定程度后，便交给救护单位使用。镭射气的治疗大多是在较大的医院进行，各家医院的治疗方法也不尽相同，但和直接用镭元素治疗相比，这种方法更加便捷实用。但当时的法国还没有国立的镭疗养院，各家医院也没有镭射气可供使用。

我向卫生部提议，可以由镭研所提供装有镭射气的玻璃管，并按时供给各救护单位使用。建议被批准后，镭射气服务就在1916年开始执行了，直至战争结束。那时我还没有助手，所有镭射气玻璃管都是我一人制备的。这一过程细致又精准，无数的伤员和百姓因为这种方法而获益。

自从巴黎遭受空袭后，卫生部就开始注重对制备镭射气玻璃管的实验室的保护，防止它受到敌机的轰炸。想要制备镭射气玻璃管就得与镭接触，这一过程是极具危险性的，所以需要想尽办法地保护制取者，以免他们受到射线侵害（我曾有几次受到射线照射，感到浑身不舒服）。

为了制备救治伤员的镭射气玻璃管，制取者不惜以损害自身为代价，这种奉献精神实在令人感动。

我在战时主要是做医疗救护工作的，但在此期间，我还做了一些其他的事。1918年夏，德国总攻失败后，我受到意大利政府的邀请，赴意考察当地放射性矿藏的拥有量。在意大利停留的一个月里，我得到了令人欣慰的结果，也因此引起了意大利政府对于这一问题的密切关注。

1915年，我把实验室搬到了位于比埃尔·居里街的新建大楼里。因为经费和人手问题，搬迁过程中遇到了种种困难。我开着装备有X光照相设备的车来往于新旧实验室之间，一点点地搬运实验仪器。搬完后，还得把仪器按需分类，重整布局。当时只有大女儿艾莱娜和技师帮我，但技师身体状况不佳，总是生病。

搬迁后，我就开始在实验室周围有限的空地上植树。我向来觉得春夏之际，窗外林木成荫，绿意葱茏能让室内工作的人们心境平和，舒缓畅然。我在空地上种满了菩提树、枫树，还开出几个花圃，种植玫瑰。还记得德国轰炸巴黎的第一天，我去买了鲜花回来栽种，忽然就有几枚炮弹落在近处，着实让我心惊肉跳。那时的情景我至今也不能忘却。

鲜花和炮弹，生命和毁灭，何其强烈的对比。这突出的是作者在战火中仍不泯灭的希望和理想。

尽管困难重重，新的实验室还是逐渐安顿好了。战后，部队士兵开始退伍时，我的实验室也部署完毕了。所以1919年到1920年开学时，我们的学生就可以入学了，对此我深感欣慰。1919年春，我在实验室为美国军人特别开设了培训班，艾莱娜负责辅导他们，这些军人学习起来都异常认真努力。

战时我与众人一样，经历着一生中最为艰辛疲累的时期，从来没有休假过，除了偶尔探望休假的女儿们时才得以休息一两日。大女儿艾莱娜也是不舍昼夜地忙着，为了她的健康着想，有时我会强迫她休息几天。那时她一面在巴黎大学学习，一面还协助我做各种各样为战争服务的工作。同时，小女儿艾娃还在读高中。巴黎受到轰炸时，她们两个谁也不肯离开巴黎去避难。

居里夫人的女儿与她一样坚强果敢，从字里行间我们就能体会到她内心的骄傲与自豪。

历时四年之久的战争造成的破坏是巨大的，是毁灭性的，那是人类的劫难。1918年秋，经过社会各界为求和平而多方奔走调停之后，各国终于签署了停战协议。可是真正的和平至今仍未完全到来。可怕的战争终于停止，法国人民终于得以喘息。但战争带来的种种痕迹却不能立刻被消除。人们在贫瘠的土地上苦苦挣扎着，再难恢复往日快乐平静的生活。

在这场用无数生命换得的胜利中我们得到的唯一宽慰是：

我的祖国终于结束了数百年的奴役和压迫，重新获得了自由和独立。我在有生之年居然能够亲眼见证这个此前从不敢奢望的梦想成为现实，内心的激越真是难以言喻。波兰人民虽长久处于奴役、压迫之中，但他们的斗争精神、民族之魂始终未灭。在这场席卷整个欧洲的狂风暴雨中，波兰终于迎来了自由和独立，这是波兰民族的胜利！这是波兰民族的骄傲！波兰民族百年来的梦想终于得以实现！在这全国上下一片欢腾的时刻里，我又重回了祖国首都——华沙，见到了分别多年的亲朋。华沙现在已经成为新成立的波兰共和国的首都，在这么多年的压迫之后，真不知想要建立一个共和国将会遇到怎样的困境！其他暂且搁在一边，单就在政治力量的重新组合方面就会遇到重重阻碍。

法国各处一片荒芜，满地废墟，人口也失去了不少。战争带来的严重后果一时间难以解决，只能缓慢恢复。所有实验室，包括我的镭研所，短期内都难以恢复元气。

战时所建的各种X射线医疗组织，有一部分在战后依然被保留着。由于卫生部的坚持，X射线医学卫校也被保留下来。镭射气的供应工作不仅没有中断，反而还扩大了供应规模，只是这项工作已经交由巴斯德研究实验室主任瑞戈博士负责，后来，竟也发展成了全国性的大型镭治疗事业。

战后，职员和学生逐渐归来，我的实验室重组之后，研究也就逐渐步入正轨了。只是国家财政赤字，想要得到理想的发展并不容易。我个人以为，眼下最重要的就是建立一个独立的镭疗法（法国称之为"居里疗法"）的医院，并在巴黎郊区建立分所，以便对大量的原矿石进行实验分析，提高我们对放射性元素的认知。

我年岁渐长，精力已不如从前。我常暗自思忖，尽管有政府的帮助和私人捐赠，我仍不清楚自己是否还有能力给后人建一所镭学研究院，既了却比埃尔·居里的遗愿，也可以为人类谋福祉。

　　1921年，我幸运地得到了一个人的帮助。一位美国的伟大女性——W.B.梅乐内夫人。W.B.梅乐内夫人发动全美妇女捐款，成立"玛丽·居里基金会"，她们把捐款所得的钱买了1克镭送我做研究之用。梅乐内夫人还邀请我和女儿们去美国游玩，亲自去接受这份礼物和证书，并邀请了美国总统在白宫内亲手赠予我礼物和证书。

　　此次所捐钱款由全美募集而来。大家踊跃响应，慷慨解囊。美国妇女对我的深情厚谊使我此生难忘。同年5月，在巴黎歌剧院举办了欢送我们母女三人赴美的大会，随后我们便乘坐海轮远赴美国纽约。

　　美国一行的场景至今还在我的脑海中激荡。在白宫举行的欢迎会上，哈定总统发表了诚挚友好、激情四溢的演讲。在随后参观各大学和学院的过程中，那些热情欢迎的场面实在让我感动。许多学院还赠予我名誉学位，让我不知该如何是好。在接下来的公众集会上，人们争相与我握手祝贺，他们的真诚友好让我终生铭记。

　　此外，我还去参观了尼亚加拉大瀑布和大峡谷，大自然的神奇之力让我深深叹服。

　　只可惜我身体微恙，无法按照原定计划完成我的美国之行，但我在此次旅程中增长了见闻，也学到了很多东西。在这次难得的机会里，我的女儿们在接受热情款待的同时，也增长了见识。目睹自己母亲的研究成果受到如此的盛誉，她们也感到十分自豪。6月底，我们准备启程回国，并与梅乐内夫人和其他朋友依依惜别。此次别离后，谁都不知道在余生中是否还能再见。

　　我回到研究所，因为有了美国朋友赠送的镭，研究工作得以顺利进行。两国人民间的深切情谊更增添了我们的勇气和信心。虽说如此，想要达到预期的目标，经济问题仍然时时困扰着我们，使我们力不从心。面对种种困难，我的脑中一直有一个疑惑：一个科学家对科学发现应该采取什么样的态度。

比埃尔与我都不愿从自己的研究成果中获得物质利益。因而我们把镭的提取方法毫无保留地公之于众。我们不申请专利，也不向以它获利的企业家们提出任何权益方面的问题。我们只是尽可能详尽地公布了所有提炼、制取镭的方法。可以这样说：正是因为我们对这一方法做了快速详细的公告，镭工业才迅猛发展起来。时至今日，制镭工业中所用的方法，所走的程序，都是我们当时制定的。现在在提炼过程中所采用的矿石处理和部分结晶的程序，也都是我们当时在实验室里所采用的方法，唯一不同的是，现在的仪器设备要比我们当时的完善很多。

比埃尔和我初时提炼出的镭全部贡献给了我们的实验室。矿物里的镭含量很少，所以镭的价格也就格外昂贵；而且它还可以用来治疗疾病，这就使得镭工业所获利润成倍增长。因此我们放弃了从镭的发现中获取价值，就是放弃了大把的财富。如若不然，我们去世后，子子孙孙都将成为富豪，但我们从没考虑过这些。也曾有好心的朋友提醒过我们，让我们好好思量。他们对我说："如果你们保留本该属于你们的权益的话，你们早就有足够的财力创建一座设备齐全且精良的镭研所了，根本不会像现在这样举步维艰。"这话说得有理，我们一路行来经历种种困顿，研究之路进行得磕磕绊绊。但我始终相信，比埃尔和我的这一选择是正确的。

的确，人必重利。他们努力工作，谋取自身利益，这一点是符合全人类的普遍利益的。但是人类社会里也不可缺少具有理想主义信念的人，他们追求无私奉献的伟大理想，无暇顾及自身的微薄利益。他们因为不追求物质享乐，便也失去了物质享乐的可能。但我觉得一个健全的社会应该为这些人提供必要的研究经费和生活保障，让他们心无旁骛地做自己的科研事业。

> 研究不为获利，居里夫妇的精神让我们钦佩，他们是真正的研究者，真正伟大的人。

名师伴你读

▶ 品读与赏析

　　人在面对危险时最本能的反应就是逃跑，可身处硝烟中的玛丽·居里却选择留在战争的中心——巴黎，她甚至还深入战区做起了救护工作。时至今日，或许我们无法想象那时的危险，但从她叙述的字里行间我们可窥得一二。本章中有这样的话："还记得德国轰炸巴黎的第一天，我去买了鲜花回来栽种，忽然就有几枚炮弹落在近处……"满目疮痍，硝烟弥散中，玛丽·居里和她的鲜花就像是历经磨难却依然鲜活盛放在每个人心底的希望。她所发明的镭或许救治了无数的人，但她的精神——面对战争毫不畏缩，面对金钱毫不动摇的精神才影响着更多的人。如她所言："人类社会里也不可缺少具有理想主义信念的人"，她就是这样将理想主义贯彻始终，将自己的一切都奉献给社会和全世界的伟大的人。

第四章　我的美国之旅

阅读笔记　　前文中我已经讲到过我那次难忘的美国之旅，我是应梅乐内夫人所邀才去往美国的。梅乐内夫人是一家著名刊物《反光灯》的主编，她为我募集了一笔捐款，并用这笔钱买了1克镭送我。于是我便应她之邀去往纽约接受这份无比珍贵的礼物。

此次捐赠的意义在于它来自美国妇女界。她们共同组成了一个募捐委员会，委员会里的成员都是美国妇女界的知名人士和有名望的科学家。最初她们先募集了几笔大的款项，然后才号召广大妇女们进行捐赠。她们的号召得到了很多妇女团体的大力支持，各所大学和俱乐部更是积极响应。捐赠者中的一部分还是经镭治疗后痊愈的患者。正是因为她们的慷慨解囊，委员会很快便募集到了十几万美元，随后她们便使用这笔钱买下了1克镭，由美国总统哈定在白宫中将它亲手交给了我。

我们母女三人受该委员会邀请于5月中旬前往美国。虽然还不到暑期，但巴黎大学还是破例批准我应邀前去。

旅途中的一切事宜，邀请者们全都做了周到细致的安排，不需我操心，梅乐内夫人亲自来法国迎接我，与我一道乘坐海轮前去美国。法国刊物《我无所不知》4月28日为巴黎镭研所全体人员举办庆祝大会，梅乐内夫人也参加了。会中，主办者对美国妇女界的鼎力相助表达了由衷的谢意和高度的赞誉。

委员会给我安排的行程和捐赠仪式多得使我应接不暇，我不但要出席白宫的捐赠仪式，还要参加多座城市的大专院校举办的欢迎仪式。我在仪式上接受了大量的荣誉头衔，其中大部分是由捐赠单位授予的。

美国人做事风风火火，干脆利落，举办的仪式恢宏庞大。美国疆域辽阔，当地人也习惯于长途旅行，而我对这种长途跋涉却很不习惯，但他们并没有察觉到这一点。不过一路行来，他们对我的照顾可谓是细致入微，尽量地缓解我因车马劳顿和欢迎会所带来的疲累。我在美国不但受到了热烈的欢迎，而且还结识了许多真挚的朋友，对于他们的深情厚谊我真不知道该如何回报才好。

当海轮驶入纽约港口时，我们看到了雄壮奇伟的码头。无数的学生、女童子军和波兰人代表正在码头上等候着我们。我们收到了无数的鲜花。之后，我们就被安排到一处宁静的居所休息。第二日，卡耐基夫人在她的豪华居所里为我们设宴欢迎。席间，我也结识了募捐委员会里的一些人。卡耐基夫人的家中摆放着部分她丈夫安德鲁·卡耐基先生的遗物。卡耐基先生热衷慈善事业，在法国也很有名气。第三日，我们去往史密斯学院和瓦萨尔学校参观，从纽约启程到达那里需要几个小时的火车车程。随后，我们又参观了布莱恩·莫尔、韦尔斯利等学校，途中也顺带参观了其他一些学校。

这些高等学府最能反映一个国家的生活及文化，但由于时间有限，只能仓促一观，无法对美国的教育做出准确的评价。但通过几次短暂的观察，我仍能感受到美国人和法国人在女子教育理念上的不同。其中让我感触最深的是：第一点，美国人非常重视学生的健康和体育锻炼；第二点，美国学生在个性和独立上的发展有着充足的自由，学生们组建了许多社团。而在法国，以上两点，都未受到足够重视。

各个大学的建筑布局都是壮观且和谐的。通常，教学大楼都矗立在一片空旷的场地中，楼与楼之间林木成荫，草地青青。史密斯学院临近一条清幽的小河，校舍内窗明几净，整洁简约，让人觉得爽利舒服。浴室内设施齐全，冷热水可随意使用。学生公寓内清洁卫生，还有供学生们聚会的大厅。体育活动也井然有序，学生们可依据自己的爱好打网球、棒球，在室内体育馆里练体操、游泳、骑马等，学校里还设立了医务室，以负责学生健康。美国的母亲们觉得大都市，尤其是纽约的环境并不利于女孩的教育，而乡村里宁静辽阔，不仅有益身心健康，还可以让她们安心学习。

在各个学院里，女生们组织起学生会，学生会委员都是通过选举产生的。学生会可以制定学生在校内的行为守则，开展校外公益活动。她们还会自己编印刊物，排演戏剧在校内演出，我对她们的戏剧内容十分有兴趣。学生们家庭状况不尽相同，有富家子弟，也有依靠奖学金过活的，但在学生会里却是人人平等，没有出身高低之分。学院里也有不少外国学生，我曾见过几个来自法国的学生，她们告诉我对于这里的学习和生活环境十分满意。

学校都是四年制，在校期间考试不断。有些学生在完成四年的学业后，会继续留校研究，以获得博士学位，美国博士学位和法国的不太一样。每所学校都有自己的设备先进的实验室。

学校里的女学生们朝气蓬勃、青春洋溢，给我留下了深刻的印象。倘若校内有庆祝活动，譬如我此次来校参观，女学生们都会积极参加。<u>在为我举办的几次欢迎会上，虽有些军事化，但女学生们的热情姿态，她们唱起歌曲时的高昂情绪，以及她们越过草坪向我跑来，以示欢迎的场景，都使我感慨颇深，难以忘却。</u>

返回纽约，去华盛顿前，仍有几个欢迎会在等着我：化学学会的午餐会，自然历史博物馆和冶金矿业学会的欢迎会，社会科学研究院的晚宴，卡耐基大会堂里由各个学校和大学教师、学生代表举行的欢迎会。在这些活动中，都有包括妇女界在内的各界名流在会上激情演说，并给予我各种头衔和奖状。这些荣誉里满是深厚的友谊，我对此格外珍视，人们常常提起的话题便是不同国家和民族之间的友谊。副总统柯立芝在致辞里对法国、波兰人民在美利坚合众国创立过程中所给予的帮助表达了诚挚的谢意，并进一步强调指出，这种友谊在大战中得到了更长远的发展。

5月20日，美国朋友在白宫为我举办了盛大欢迎仪式。时间虽短，情谊却真，欢迎仪式总体显现出的是一种民主作风。与会的除哈定总统夫妇外，还有国务院各部门主要官员、高等法院大法官、三军高级将领、各国驻美大使馆官员、华盛顿及外地各界的社会名流。

仪式开始时，先由法国驻美大使儒塞朗先生致辞，接下来由梅乐内夫人代表美国妇女界讲话，之后，由哈定总统演说。哈定总统演说之后，我便做了简单的致谢。然后，全体与会人员列成一队，接连从我面前走过，与我握手道贺。最后，大家一起合影留念。仪式是在美丽庄严的白宫举办的，那时正是5月，午后阳光灿烂，天空高远辽阔，绿草茵茵，白宫的周围是一大片草坪，四面由一座建筑物环绕着，更衬托得白宫圣洁莹白，美不胜收。能接受这个伟大国家的总统代表他的人民向我表达的欢迎与尊敬，我真是受宠若惊，无上光荣，终生难忘。

总统在他的讲话中一再地代表美国人民向法国和波兰人民传达谢意，他的讲话内容虽与柯立芝副总统的话基本一致，但他的言语中更重于传达感谢，还有赠送镭的特殊性，这两点让他的情意更显热烈、浓厚。

美国人是仗义慷慨的，对人民有益的事情他们总是大力赞同。镭的发现之所以能在美国受到这样大的关注和赞赏，不仅是因为它自身的科学价值或是在医学领域的重要作用，更因为镭的发现者不为自身利益、不计报酬、全无保留地将它奉献给全世界的精神，这使得美国朋友对于法国科学界产生了发自内心的尊敬和赞许。

送给我的镭并未在欢迎仪式上交给我，美国总统只是赠予我一把小小的金钥匙，可以用它来开启装镭的箱子。

在华盛顿参加过主要的欢庆仪式后，我又停留了几天。除却参加法国使馆、波兰使馆和国家博物馆的欢迎会外，我还参观了几所实验室。

离开华盛顿后，我们又去了费城、匹兹堡、芝加哥、布法罗、波士顿和纽海文等地，还游览了大峡谷和尼亚加拉大瀑布。我受这些城市的高校——宾夕法尼亚大学、匹兹堡大学、芝加哥大学、西北大学、哥伦比亚大学、耶鲁大学、宾夕法尼亚女子医学院、史密斯学院、韦尔斯利学院的邀请，前去访问参观，并接受它们赠予的名誉学位，我对此番情谊铭感五内。此外，哈佛大学也为我举办过欢迎会，我再次表达了感谢。

美国的大学授予名誉学位时都要举办盛大的仪式。通常情况下，此类仪式每年都是和学生的毕业典礼一同举办的，而且接受名誉学位的人必须出席仪式，但有几所大学却破例为我单独举办仪式。在美国大学里，这类庆典活动比法国要多，是学校里的一项重要活动。

至于每年都有的毕业典礼则更是盛大。届时，教师和毕业生们都得穿学位袍，戴学位帽，在校园游行，随后进入礼堂，由校长亲自宣读学士、硕士、博士学位学生名单；授予学位证书时，乐队还会演奏激昂慷慨的乐曲。随后，由校内教师或校外代表上台致辞，致辞内容都是宣传教育理念和为人类谋福祉之类的话，其间偶然还会穿插一些美国式的幽默。整体来说，仪式在让人感动的同时也增进了与毕业生的感情。对于美国高校来说，此类仪式十分重要，因为它们都是依靠私人捐赠开办起来的，只是近年间才在各州办起了州立大学。

我还曾以巴黎大学代表的身份，有幸去耶鲁大学参加了该校第14位校长恩格尔的就职典礼。在麻省，我参加了美国哲学学会和医师协会的会议。在芝加哥，我参加了美国化学学会年会，并在会上为镭的发现做了报告。在该会议上，我被授予斯科特奖章、富兰克林奖章和吉布斯奖章。

美国妇女联合会为我办了几场欢迎会，受到了广泛关注。一如前文所言，纽约各大学的女性在卡耐基大会堂为我举行了欢迎大会；在芝加哥，举行了由波兰妇女协会组织的类似的欢迎会；在布法罗，加尔大大学妇女组织也热烈地欢迎了我。这一次次欢迎会让我深刻地感受到了她们的真挚情感，她们认为女性将会在未来科学事业及其他各种领域中发挥越来越大的作用。我深深地感到，在美国，女性的这一看法与男性的毫不对立。我亲眼所见，男士一般都对于女士们的这种期盼给予了极大的支持和鼓励。美国妇女界的社会活动，在教育、卫生事业和提高劳动力福利等方面，得到了特别的关注，并取得了很大的进步。此外，其他各类公益事业也都受到了妇女界的重视和支持。梅乐内夫人资助我，让我实现理想，我还能得到各界妇女同胞的帮助和赞赏，这些就是最好的证明。

在美国，女性能和男性一样被平等对待，甚至在某些领域还会得到特别的支持和重视。

此次美国之行，唯一遗憾的就是我没有足够的时间去参观各个实验室和科学研究机构。在少数几次这种性质的参观中，我每次都保有极大的兴致。四处行来，我发现美国人十分注重科学事业，对于实验所用的仪器设备也力求完美。有的地方还在新建实验室，至于旧的实验室，也并没有放弃，还都添置了新的仪器。每个实验室都建得宽敞明亮，不似法国那样窄小闭塞。在美国，各个实验室的经费大都是由私人资助或者由基金会提供的。有一个全国研究会，是由私人建立起来的，其宗旨就是鼓励科研事业的发展，力求在科研和工业生产之间建立起联结的纽带，以加强合作。

我还颇有兴致地参观了华盛顿的标准局。这是一个全国性的科学计量及其相关研究的重要机构。美国妇女界送我的镭分别存放在几支玻璃管中，就放在这里。这里的工作人员还认真地给这些镭做了计量，并安置稳妥，最后万无一失地送到我乘坐的海轮上。

在华盛顿，我参观了一个新建的实验室，是专门用液态氢和液态氦进行低温研究的。我很荣幸地成为了这个实验室正式启动的揭幕人。

在参观一些实验室时，我很高兴能和一些著名的美国科学

居里夫人
在美国一些镭
疗医院看到了
很多法国还没
有的仪器设备，
感到十分遗憾。
因为法国是居
里夫人的第二
故乡，她从心
里迫切地希望
法国能发展得
更快、更好。

家见面。能和他们谈话是我此次赴美旅程中最快乐的事。

　　美国有一些镭疗医院，医院里都有专门用来提炼镭射气的实验室，他们将提炼的镭射气封存在玻璃管中备用。这些医院里存放着许多镭，医疗条件也很好，来这里接受治疗的患者很多。在参观过后，我的心里有些憾然，因为在法国尚没有任何一家国立医院有这么多的镭和如此优良的仪器设备，以致在镭疗方面远逊于美国。我盼望着这一差距能尽快缩小。

　　镭工业始于法国，却先在美国得到了飞速发展。这是因为美国有大量的含镭铀矿（钒、钾、铀矿）。（近期在比属刚果发现了一个铀矿，所以在安菲尔斯特建起了一座很大的制镭工厂。——作者注）旅行中，我还曾去美国最大的制镭工厂参观，颇有感触。看到了工作人员们的创新精神我很高兴。该工厂还保存着部分胶片，用以记录工人们在科罗拉多州无垠的工地上采矿和运矿的情形，以及在这些含量微小的矿石中提炼镭的过程。他们的提炼方法和我们实验室里的一样，并无二致。

　　我在参观这些工厂及其内部设置的实验室时，工人们对我很是尊敬，并以极大的盛情接待了我。在参观炼制新钍的工厂时，他们还送给我一些新钍，厂长还表示愿意在科研方面给予我帮助。

　　为了更全面地讲述美国之行的印象和感触，我有必要简单地描述一下美国的风土人情。但要真正做到这一点很不容易，因为美国疆域辽阔，各处风俗不尽相同，难以凭借这本书在读者眼前一一展现。若只谈谈大略印象，可以这样说，美国的未来不可限量。雄奇壮美的尼亚加拉大瀑布，神奇伟岸的大峡谷……都给我留下了永难忘怀的记忆。

　　6月28日，我在纽约港码头重新登上了两个月前载我来此的海轮返回法国。两个月的时间倏忽而过，不能对美国和美国人妄下断论。但我此次所到之处，人们对我和我女儿们的热情礼待使我深受感动，无法言喻。主人们总想尽办法让我有宾至如归的感觉。很多美国人告诉我，他们曾在法国受到过同样的礼待，像回到自己家中一般。当我重回法国，除却对美国妇女界所赠的珍惜礼物充满感激外，我还感到两个国家间友谊的珍贵。<u>我深信，只要法美两国共同努力，将会给人类和平带来无尽的希望。</u>

阅读笔记

居里夫人对未来社会的希望和愿景，表达了她对世界和平、发展的期盼。

名师伴你读

▶ **品读与赏析**

　　或许再没有谁能如居里夫人一般受到如此高级的礼遇和如此崇高的荣誉。这一切不仅因为她是镭的发现者，更因为她无私奉献、不计报酬的高尚行为。她发现的镭使无数人受益，没有局限于一城、一国，而是无私贡献给了全世界、全人类。

　　本章中，居里夫人反复提及的就是美国教育、医疗方面与法国的不同。她是那样迫切地、全心全意地投身于科学教育事业，无论走到哪里，她都始终心系于此。不忘初心，方得始终。无论获得怎样的成就和荣耀，居里夫人始终都是最初那个在加里西亚山上唱国歌的小女孩，永远保有着对和平、对教育事业的热情。

第二部分
比埃尔·居里

第一章　居里家族

比埃尔·居里的双亲都是博学聪慧的人。他们来自于并不阔绰的小资产阶级，与上流社会没有任何联系，只有一些亲属和少数好友常与他们往来。

比埃尔的父亲欧仁尼·居里（欧仁尼·居里在1827年生于米卢兹——作者注）是名医生，他的祖父也是。欧仁尼·居里对于自己的姓氏不甚了解，对原籍阿尔萨斯，同时也是新教徒的居里家族的了解也不多。尽管父亲定居伦敦，但是欧仁尼·居里却在巴黎接受教育。他在巴黎学习自然科学和医学，并在格拉蒂奥莱附近的姆塞恩实验室做教学辅助工作。

欧仁尼·居里医生的人品极佳，所有与他相熟的人都对他非常钦佩。他身材高大，年轻的时候应该是个金发青年，那双漂亮的蓝眼睛即使到了晚年也依旧炯炯有神，熠熠生辉。那双眼睛透着稚气，充盈着善良和聪颖。不错，他智慧过人，热爱自然科学，很有学者风范。

他虽然很想为自然科学奉献终生，最终却不得不放弃，因为婚后的家庭责任和两个儿子的降生。他为生活所迫，不得不去行医。然而，他仍在空闲时进行实验，特别是结核接种。而在当时，这种疾病的病原体还没有确定。直至晚年，他都始终对科学怀着崇敬的心，未能一心研究科学也成为他最大的遗憾。正是居里医生对科学的热爱使他养成了远足的习惯，他常常去寻找一些动植物用以实验。对大自然的喜爱也让他对乡间生活十分向往。

医生这一行业收入不多，但他却能始终秉持着大公无私、忠心耿耿的优良品质。1848年革命时期，还是个大学生的他就获得了共和国政府颁发给他的荣誉勋章，用以表彰他在救治伤员过程中勇猛卓越的行为。2月24日，他因公负伤，子弹击碎了他的部分颔骨。<u>而后不久，在霍乱肆虐期间，他为救治患者，搬到了巴黎的一个医生全部离开的街区。</u>巴黎公社时期，他把自己的公寓改建成了急救中心（位于维奇达雄街），附近设置了一个街垒，他就在那里抢救伤员。他的这种公民责任心和激进的信念让他失去了资产阶级顾客。就在此时，他收到保护低龄儿童服务中心巡回医生的任务，并欣然接受了，如此他便可以在巴黎郊区生活，那里的环境、空气对他和他家人的健康都比在城里好很多。

居里医生的政治观念坚定，虽说他生来就是个理想主义者，但他却热血沸腾地喜欢上了启迪1848年革命者们的共和理论。他与亨利·布里松一派的人成了朋友。他们都一样是自由的思想者和反教会者，因而他从未让自己的儿子们受洗，也没让他们信奉任何宗教。

比埃尔·居里的母亲克莱尔·德普利是普托的一位企业家的女儿。她的父兄因多项发明创造而在工业界小有名气。她的祖籍是萨乌瓦，那里的家因为1848年的革命使自家企业倒闭而就此没落。企业的倒闭，加之居里医生行医生涯中的挫折，使得她和她的家人一直过着贫苦的生活，并且还不断有新的问题出现。比埃尔·居里的母亲虽生在富裕的家庭，但却能以平和勇敢的心态接受那种艰难的生活，并一直忠贞坚毅地相夫教子，渡过难关。

虽然雅克和比埃尔·居里的家庭条件并不优渥，而且困难种种，可他的家里却始终充满着和睦温暖、相亲友爱的气氛。比埃尔·居里初次与我讲起他的父母时，说他们"举案齐眉""琴瑟和鸣"，的确不假。父亲欧仁尼虽有些专断，思想却总是明快激越，少见的无私，不愿也不懂利用自身关系去为改善家庭条件谋私，对于妻子和两个儿子满是温馨的爱，对求他帮忙的人也是竭尽全力。母亲克莱尔个子不高，性格开朗，尽管因为生了两个孩子而影响到身体，但她总是高高兴兴，快快乐乐的，把自己简陋的家打理得很整洁，让人喜欢去串门。

我与他们相识时，他们住在苏城的萨布隆街（今天的比埃尔·居里街），那是一座旧式的房子，坐落在一个美丽花园的绿荫深处。他们的生活很宁静。居里医生因为工作关系整日四处奔忙，或是在苏城，或是去外地。工作之余，他会看看书，或是修理花园。每逢星期天，一些亲属和邻居就会前来探访，地滚球和弈棋是当时最受欢迎的娱乐项目。亨利·布里松偶尔也会到这个宁静的隐居地探望自己的老朋友。无论是屋里、园中，还是屋主，都使人感到宁静自得，印象深刻。

比埃尔·居里生于1859年5月15日。他的出生地是面对居维埃街的植物园。他的父母当时就住在那里。他的父亲当时在姆塞恩实验室工作。他是居里医生的二儿子，比哥哥雅克小3岁半。对于他在巴黎的童年生活，他印象不深。然而他却对我说起过巴黎公社、家附近的街垒战斗、父亲的急救中心以及和父亲一起抢运伤员的经历，这些他都记得清清楚楚。

1883年，比埃尔·居里离开首都，同父母一同去郊区住了。1883年至1892年，他们住在丰特耐·欧罗斯；1892年到1895年，刚结婚那几年，我们住在苏城。

比埃尔的整个童年是在自己家中度过的，他没去过学校。启蒙老师分别是母亲、父亲和哥哥，而他的哥哥也没学习完高中课程。比埃尔·居里虽然聪明，却无法快速适应学校里的正规课程。他的思想天马行空，接受不了学校强制的知识灌输。他跟不上学校里的教学方式，因而总被人看作头脑迟钝。他自己也这么认为，而且还常常这样说。但我却对这种说法很不赞同，我认为他从童年时期起，智力就会完全集中在某一特定的事物上，直到获得一个准确的答案为止，不论外界情况如何，他的思路都不会被打扰和改变。显然，这种思想蕴含着远大的发展前景；但不能否认的是，对于此类智力，公共学校中没有任何教育体系为之服务，虽然这类智力远比它乍看起来要多得多。

> 了解孩子的特性，懂得因材施教，比埃尔之所以有今天的成绩，得益于他父母的教育方法。

　　至于比埃尔·居里，尽管大家都不认为他会是一个优秀的学生，但幸运的是他的父母头脑非常清明，知道他有这种困难，并不强迫他入学，否则他的智力定会因此大打折扣。尽管比埃尔·居里的启蒙教育不够正规和完整，但也是极有好处的，这样的做法不会给他的智力形成较大压力，导致因为各种规范和偏见而损害了智力。比埃尔·居里也因为父母的这种自由式教育而始终感激和怀念着他们。他自由自在地长大，在乡间的远游中提高了对自然科学的兴趣，还常从乡下带回动植物给他的父亲用来做实验。通常他是自己，或同父母一道在乡间游玩，这极大地激发了他心中对于大自然的热爱。直至生命结束，他都一直保持着这份热情。

　　因为久居城市和传统教育等人为条件的限制，能近距离了解大自然的孩子非常少。而比埃尔·居里能与大自然这样亲密接触对他思想观念的培育有着重要的影响。在父亲的指导下，他学了观察事物，且能正确表达出来；他还学会了辨别巴黎附近的动植物。在不同季节，他还知道可以在森林、草原、溪流和沼泽中分别能发现什么动物和植物。这些地方对他有种不断变化着的吸引力，那里有着奇特的植物，还有许多青蛙、北螈、蝾螈、蜻蜓和其他许多天上、水里的"居民"。他能轻易地抓到他感兴趣的东西，他甚至能毫不畏惧地把一只小动物拿在手里观察研究。我们结婚后，如果一起外出散步时我反对他把青蛙抓在手里，他就会回答我说："不，你瞧它多漂亮啊！"他就连散步回来也要带回几束野花。

　　因此，他自然科学方面的知识增长极快，对数学的基础知识也掌握了很多。但他在文史方面的知识却被大大地忽视了，他主要是通过阅读来掌握这方面的知识。他父亲很博学，自己有一间收藏着许多法国和外国作家名作的书房。他的父亲对文史知识很有兴趣，因而知道如何与儿子们交流。

快14岁时，比埃尔·居里得到了一个难得的好机会，他被委托给一位优秀教师培养。这位优秀教师教比埃尔·居里基础数学和专业数学。这位老师很会启发学生，对他十分关心，督促他好好学习，甚至会帮他提高拉丁文水平，因为他的拉丁文水平很差。在此期间，比埃尔·居里和老师的儿子阿尔贝·巴齐尔成了朋友。

不得不说，此番教育对比埃尔·居里的智力有着相当大的影响。这使他的智力增长、才能加深，并使他意识到自己在科学方面的能力。比埃尔·居里对于数学极有天赋，特别是在几何概念和空间的思索上。他很快就有了极大的进步，而学习也成了他最大的乐趣，因而他对这位老师始终感怀于心。他跟我讲过一个例子，证明他从那时起就不拘泥于单一的学习计划，开始偏离计划，独立进行思考：他对刚学会的行列式理论极其入迷，就开始着手画一个相似的图案，那是三维图，他试图发现这些"立体行列式"的特征和运用方法。可想而知，他年纪尚幼，所掌握的知识也少，自然是力有不逮，但他的这一设想极有特色，证明他的创新精神正在萌芽。

多年后，全心想着对称问题的他，给自己提出了个问题："人们难道就不能找出一种普通方法来解任何一个方程式吗？一切都不过是对称问题而已。"他那时还不了解能使他接触这一问题的伽罗瓦群①的理论。后来他了解了结果和5次方程情况下的几何运用。多亏数学和物理方面的进步，比埃尔·居里在16岁时得到了理科的业士学位②。对他来说，人生最艰难的阶段就此翻过，此后，他就可以一心扎进自由选择的科学领域，通

①伽罗瓦群：和一个多项式的各根联系着的一个特殊的扩张域的同构群。
②业士学位：法国高中毕业会考合格的人应该得到的学位。有了这个学位可以直接注册进入大学。

过自己的努力去获取知识了。

名师伴你读

　　本章主要是对比埃尔·居里及其家庭情况的概述。不难看出，比埃尔·居里的成功一半是源自他的天赋，另一半则源于他温馨和睦的家庭以及能够因材施教的父母。正像我们所知道的那样，一个人的生长环境能对他日后的成长产生巨大的影响，但极少有父母能够像比埃尔·居里的父母一样，给孩子这样宽松、不约束的环境。事实上，这样的环境更有助于那些有着发散思维的孩子发展所长，获得成功。比埃尔·居里就是最好的例子。

第二章　发现了压电现象

比埃尔·居里开始在大学学习，准备拿物理学学士学位时年龄还小。他在巴黎大学听课、上练习课，还在前药学院勒鲁教授的实验室帮他准备物理课教案。此外，他还和哥哥雅克一起做事，雅克当时是里希和赞弗莱什的化学课的教学辅助人员。

18岁，比埃尔·居里获得了物理学学士学位。上学时他就受到了高等教育研究实验室主任德桑和副主任姆东的赞赏。经他们推荐，1878年，也就是19岁时，比埃尔被聘为在巴黎大学理学院执教的德桑的助教，带领学生们做物理实验。他在这里一干便是五年，正是在此期间，他进行了自己最初的研究实验。

或许会有人感到遗憾，比埃尔·居里虽说有了好机遇，却不得不在19岁就做起教辅人员，两三年里不能自由地选读课程。因为实验室的工作和自己的研究已经很忙了，他只好放弃继续修读高等数学，也不再参加考试了。不过他也因此不用去服兵役，这是那时对从事公共教育的年轻人的优惠政策。

这便是当时那个身材颀长的青年人，红棕色的头发，表情矜持而羞涩。生活圈子窄小的影响完全显现在他那张年轻的脸上，这点从他和父母、哥哥一起拍的那张全家福上就可以看得明明白白。他单手支颐，姿态随意，沉浸在幻想中，一双眼睛仿佛盯着内心的一个幻影，给人留下深刻的印象。他哥哥与他完全不同，褐色的头发，目光奕奕，神色坚定。

他们兄弟二人相亲相爱，亲密无间，喜欢一起做实验，闲时一道去散步。他们有几个一直保持着亲密关系的童年玩伴：路易·德普利堂哥和路易·沃蒂埃，后来成了医生；阿尔贝·巴齐尔，当了电信工程师。

比埃尔·居里后来每每同我说起那时度假的情形总是喜上眉梢，兴奋不已。他和哥哥雅克一起在塞纳河边散步，下水沐浴，跳水嬉戏。他们兄弟二人都是游泳的好手。有时他们就整日整日地散步，因为他们早已习惯于在巴黎郊外徒步行走。还有些时候，只有比埃尔·居里独自一人散步，他说这样有利于他思考。通常在这种情况下，他就会忘记了时间，直到走得精疲力竭。他一旦沉浸于对外部事物的观察思考之中，就会忘掉物质上的困难了。

> 思考中的比埃尔会忘却一切的存在，这种心无旁骛的专注使他获得了最后的成功。

在他1879年所写的日记（比埃尔·居里没有留下真正意义上的日记，只是随手写过几页，记下了他人生中很短的一个阶段。——作者注）中曾这样描述乡野生活对他的影响：啊！我独自一人在这里度过了多么美好的光阴哪！远离了巴黎那些种种让人心焦的琐碎事情！不，我对于在山林中度过的日日夜夜毫不感到憾然。若我有足够的时间，我想讲出我当时所有的幻想。我要描绘那幽静宜人的河谷，芳草萋萋，花香扑鼻，凉沁湿润的卵石堆，比埃弗尔河就从此处穿过，高大的忽布树状似仙女宫，长满欧石南的殷红石山丘，躺在上面真是妙不可言。是的，我将永远心怀感激地记住米尼埃尔河边的树林，那里是我曾去过的所有地方中最让我难忘的，我在那里感到了极大的幸福。我在夜晚出发，沿河谷而上，归来时带着满脑子的奇特思想。

据此可见，在比埃尔·居里的心中，在乡野间的幸福感受与冷静思考的可能性是结合在一起的。日常生活里琐事繁多，使他的思想无法集中，对他来说，这是极让他痛苦和烦忧的。他能感到自己生来就是要搞科学研究的。对他而言，通过分析

种种现象来构建一种让人满意的理论是非常迫切的需求。但当他想要将自己的精力集中在某一问题上时，却总是被无数琐碎的事情烦心，这些琐事扰乱了他的思绪，使他气馁。在"天天如此"的标题下，他在日记中写下了这些细碎的事，让他整整一天都没有做成任何有用的事。他在结尾写道："这便是我的一天，我什么都没做成，为什么会这样？"后来，他又重回这一问题上来，并引用了一位有名的作家的一句话作为标题，他这样写道：

用琐事麻痹想思索的脑子①

虽然我很微小，但为了使我的头脑不再随风荡浮，一有风吹叶动就不知所措，就必须让我周围的一切停止不动，或者让我自己像一只快速旋转的陀螺，对外界的一切毫不关心。

当我自身在缓慢转动时，我就想法子让自己高速转动起来，可是一点小事、一句话、一个叙述、一份报纸、一次来访就会让我停顿下来，使我把那个重要时刻无限地延后，延后……我们必须吃、喝、睡、懒、爱，必须感受生活中甜蜜的事，却不能沉醉其中，在去做所有这一切必须要做的事情时，坚定地抵抗本能的思想要占据主导，并在我们可怜的脑袋中不受干扰地发展下去。必须将生活变成梦，再把梦变成现实。

一个20岁的青年人，能有这样机敏的分析、惊人的清醒，并用一种让人惊叹的方式表述出了思想的至高境界。它蕴藏着一种真正的教诲，如果明白了这一教诲，它就能为不羁的思想拓展道路，使其能为人类开辟新的天地。比埃尔·居里所崇尚的思想集中，不仅受到了他的职业和社交生活的影响，而且也受到了他自己的兴趣爱好的干扰，这种兴趣爱好使得他向宽广的文学艺术领域拓展。他和他父亲一样，热爱文学，不害怕接触那些晦涩的文学名作。为此曾有人批评他，他却回答说：

---

① 引自维克多·雨果的《国王取乐》。

"我不厌恶佶屈聱牙的书籍。"这是因为他执著于追求真理，这种真理有时却与某些对无趣东西的思索联系在一起。此外，他还喜欢绘画和音乐，常常去看画展、听音乐会。

他的日记上还保有他亲手所抄的诗歌片段。但这所有一切的前提都必须是他认为这是他真正的使命，在他的科学思考没有被充分调动起来时，他就会认为自己是残缺的。他常把自己的忧虑不安以一些动人的话语表达出来，这些都是因为短暂的消极期间的痛苦情绪所引发的。他这样写道："我很少完整地属于我自己。通常，我身体的一部分在沉睡。我可怜的头脑，你就这么无能，就无法支配我的身体吗？啊！我的思想啊！您真是一无所用！我唯有在幻想中才有信心让自己挣脱束缚，但我真的害怕它已经完全消亡了。"

尽管徘徊不定，忧虑重重，但随着时间流逝，年轻的比埃尔慢慢找到了自己的路，坚定了自己的意志。在那些未来的学者还只是学生的时候，他就已经坚定地投身于科学研究了。

他和德桑合作进行的第一项研究就是关于热波长度的确定。他们凭借一个热电堆和一个用金属丝做成的网完成了此项研究，在后来研究这一问题时他也经常使用此种方法。

随后，他和哥哥一起进行了晶体的研究。他哥哥在获得学士学位后，在巴黎大学矿物系实验室给弗里代尔做助手。此项研究为当时这两位年轻的物理学家带去了巨大的成功：他们发现了新的压电现象，也就是在被压缩或者膨胀时无对称中心的晶体在一个电极上产生的压电现象。它是通过对晶体材质的对称反复进行思索得来的。正是这些思索使得他们兄弟俩能够预见这种电极出现的可能性。此项研究的前期工作是在弗里代尔实验室里进行的。两位青年物理学家用他们那个年龄所罕见的实验能力，成功地完成了对这一新发现的研究，创造了在晶体中产生它的必不可少的对称条件，确定了极其简单的量的规律以及某些晶体的绝对量。许多著名的外国科学家——罗恩根、康特、乌瓦特、里埃克——都沿着雅克和比埃尔·居里开创的这条新道路进行了此类研究。

此项研究的第二部分从实验角度来看则更加困难，它涉及压电晶体在受制于一个电磁场作用时会出现的变形现象。里普曼曾预见的这一现象被居里兄弟证明了。这项研究的困难之处在于所要观察的变形特别微小。德桑和姆东给兄弟二人提供了从他们完成微妙实验的物理实验室里拿来的一块材料。

从这些既是理论性又是实验性的研究中，他们推论出了一个实际的结果，用一种新仪器——压电石英，用绝对值来测量微弱的电量和弱电压的电流。后来这个仪器也在放射性的研究中起到了相当大的作用。

居里兄弟在研究压电的过程中，需要使用测电设备。因为无法利用当时已知的仪器，他们就自己制作了一个新仪器，这种新仪器更能适应研究需求，后来这种新仪器也在法国被广泛使用，人们给它取名为居里静电计。

向来情意深厚的两兄弟在这几年里是非常幸福的，而且收获颇丰。兄弟情谊及对科学的热忱对于他们来说是一种相互支撑和勉励。在共同研究中，雅克活跃的思维和旺盛的精力对于比埃尔来说是极其宝贵的帮助，因为比埃尔很容易沉浸在自己的冥思苦想中。可惜，这种亲密无间的美好合作只持续了几年。1883年，比埃尔和雅克不得不分道扬镳。雅克去了蒙彼利埃大学任矿物学教师，而比埃尔则在巴黎物理和化学学校当实验室主任，该校是在弗里代尔和舒赞贝格的推动下由巴黎市政府创建的，舒赞贝格成为第一任校长。

在雅克和比埃尔因为晶体研究而取得卓越成就的许久以后，他们在1895年荣获了普朗泰奖。

名师伴你读

▶ 品读与赏析

任何一项伟大的科研成果都不是凭空而来的，研究者必须付出常人难以想象的辛劳，经历异常困苦的过程，就像比埃尔·居里一直在试图摆脱困扰他的杂念，心无旁骛地进行实验研究一样。正是得益于他这种一旦开始思考，就"两耳不闻窗外事"的性格，比埃尔才能够在青年时就有这样伟大的发现。

比埃尔的成功对我们有很大的启迪作用，倘若我们每人都有这样的钻研精神，无论在任何岗位，都全心思索，并长期奋斗，那么我们的生活，乃至周遭的世界，都会变得更加美好。

第三章　物理和化学学校的科研时光

位于罗兰学院陈旧教区的物理和化学学校，比埃尔·居里在那里工作了22年，那几乎是他科学生命的全部时间。他先是当实验室主任，后来又做了教授。他的记忆里几乎全都是这些现在已经拆除的旧楼，他的整个白天都在那里度过，到了晚上才会回到当时与父母共同居住的乡下。他在那里工作时觉得非常快乐，因为创建者舒赞贝格对他十分关心，而学生们对他也很友好和尊敬，好几个学生还成为他的弟子和朋友。在他生命的最后几年，他在巴黎大学的某次演讲结束时，这样说过：

我要在此特别提出，我们在巴黎市政府的物理和化学学校进行了所有的研究工作。在任何研究工作中，工作环境对人的影响都是很大的，并且还应把成功的一部分归功于这种影响。学校的第一任校长舒赞贝格是一位伟大的科学家。我始终记得当我还是教辅人员时，他为我提供的优良的工作条件。后来，他又同意让我的妻子玛丽·居里到我身边工作，这一举动在那个时候是一种非比寻常的革新。舒赞贝格给了我们极大的自由，他对科学的热忱感染了我们，使我们深受触动。物理和化学学校的老师与从该校毕业的学生们共同构成了一个亲密无间、收获颇丰的环境，对我起到了相当大的帮助，我们就是在学校的校友中找到了合作伙伴和朋友。我很开心能在这里向大家表示感谢。

在他刚刚担任新的职务时，他比学生们也大不了多少，但学生们都很喜欢他，因为他的言谈举止极其随和，既是老师又像同学。他们中的某些人每每回想起来在他身边工作，以及在黑板上讨论的情形时总是激动非常。他能主动地同大家研讨科学问题。这对大家的成长和热情的产生也极有裨益。校友们在1903年举办了一次聚餐会，他也参加了，并笑着回想起那时的一次意外。

一天，他和几个同学在实验室里工作得太晚了，等到想离开的时候才发现门被锁上了，大家只好顺着二楼窗户旁的一根管子滑下去。

他内向而羞涩，不容易和人亲近起来，但在他身边工作的人们却很爱戴他，因为他为人平和亲切。在他的一生中，他的下属们都是极喜爱他的。学校里有一个当他助手的小伙子，居里曾在他生活困苦的时候帮助过他，所以他对比埃尔·居里始终心怀感激和崇敬。

他和哥哥尽管在两个地方生活，但始终保持着昔日的友谊和信任。每到假期，雅克·居里就前来看他，两人就又开始了卓有成效的合作，把难得的自由时间又全部奉献给这种合作了。也有些时候，是比埃尔去看望雅克，因为雅克那时正在奥维涅忙着地质绘图工作，他便和雅克一起进行实地勘察。

以下便是比埃尔对其中一次勘察的回忆，来自他和我结婚前不久写给我的一封信：

我很高兴能同哥哥一起度过这样一段时间。我们忘却了一切烦忧，尽情享受我们所爱的生活方式，因为不知道明天将宿于何处，所以我们连一封信也接收不到。偶尔，我以为自己又回到了我们共同生活的时期。我们对人和事情的看法都能达成一致。因而，我们之间已无需言语的交流。我们的性格完全不同，能在想法上如此默契就更难能可贵了。

从科学研究的角度看，不得不说比埃尔·居里去物理和化学学校任职，一开始是耽误了他的实验性研究的。诚然，他刚来此就职时，学校里还一无所有，一切都要创建。围墙和隔板也是刚弄好的。比埃尔·居里必须完全负责组织学生实验的工作。他以别具一格、精细新奇的思想圆满地完成了这项任务。

学校里的学生很多，每班有30人，对于只有一个实验室助手的比埃尔来说，带领这么多学生一起实验，本身就是一个极大的挑战。所以最初的几年无疑是十分艰辛的，但对他所指导的学生们的教育与培养都大有裨益。

比埃尔·居里趁着自己的实验研究被迫中断的机会补充了自己的科学知识，特别是数学方面的知识。

1884年，他发表了一篇以晶体对称研究为基础的有关增长序和重现的论文。同年，他又以同一题目做了一个更为广泛的报告。1885年，他又发表了一篇关于对称与重现的论文。同年，他就晶体的形成和不同面的毛细常数发表了一篇十分重要的理论文章。

从这一篇又一篇的论文中我们不难看出，比埃尔·居里是多么关注晶体物理。他在这一领域的理论性研究或实验性研究都围绕着一个原则：对称原则。他成功地一步一步找出这一原则，1893年到1895年期间，在他所发表的论文中，这一原则最终得以确定。

以下就是他为这一论证而提出并在之后成为经典的方式：

当因为一些原因而产生一些效果时，原因的对称因子应该再现于其产生的效果中。当某些效果显示出某种不对称时，这种不对称就会再现于让它产生的原因中。

这两种假设的逆命题不一定正确，但至少在实际中是这样，也就是说所产生的效果可以比原因更加对称。

这一简单却堪称完美的论证的重要性就在于，它所引入的对称因子全部都是与物理现象相关的，没有例外。

在对自然界中可能存在的对称群的某次深入研究中，比埃尔·居里指出了该如何利用这种兼具几何学和物理学特性的资料去预见某种现象是否会产生，或者说在当时所考虑的情况下是否能产生。在一篇论文开头，他这样说道："我认为应该在物理学中引入晶体研究者们所熟知的对称概念。"

他在这条道路上的成果是重大的，尽管后来他又转去钻研其他领域了，但对于晶体物理，他始终怀有极大的兴趣，并且不断地筹划着这一领域新的研究计划。

这种让比埃尔·居里心心念念的对称原理是重大的原理之一，这些原理虽然数量不多，却指引着物理研究的方向，它们根植于实验提供的概念之中，却又逐渐地剥离出来，进而得到一种愈发普遍和愈发完美的形式。热当量和功当量的概念被补充进了动能和潜能的当量概念中，才使得应用非常普遍的能的保存原理得以建立。同样，质量保存的原理也从以化学为基础的拉乌瓦齐埃的实验中渐渐地脱离出来。通过这两种原理的聚合，一种让人赞叹的综合最后达到了一个更高的普遍性的程度，因为已经证明了一个物体的质量与其内在的能成正比。对电现象的研究使得里普曼提出了电的保存的普遍原理。根据生热装置的运作构思而产生的卡尔诺原理也具有了一种极其普遍的意义，使它能够预见各种物质系统自发变化的最有可能的方向。

对称原理提供了一种可供对比变化的榜样。对称概念一开始就能通过对大自然的观察来进行验证：如果是晶体化了的矿物质，规律性就会更加完美。大自然为我们提供了对称面和对称轴的概念，这是我们可以看到的。如果对称面把物体分成了两个部分，而每一部分又可以被看作是这个面里所反映的另一部分的形象（像是在一面镜子里那样）的话，这个物体就具有一个对称面或屏景面。这就像是人和许多动物的外表所产生的那样。如果将一个物体沿某一轴线旋转，转到一周的几分之一时，这个物体现在的样子和最初一模一样，我们就会说这个物体有一个几阶的对称轴线。例如一个整齐的四瓣花朵，就有一个四阶对称轴线，或者叫四阶轴线。像岩盐或明矾这样的晶体就有好几个对称面和好几个不同序的对称轴。

几何学教会我们研究一种被限定的形象（譬如多面体）的

对称因子和在这些因子中被发现的能使它们聚集成堆的一些不可缺少的关系。对于这些堆体的研究有利于把晶体形式合理地排列成一个数量不多的系，其中每一个系都是从一个简单的几何形式中变来的。因此，正八面体和立方体就属于同样的系，因为由对称轴和对称面所组成的堆体在两种情况之下完全相同。

在对晶体物质的物理属性研究中，必须考虑这种物质的对称性。这种物质通常都是各向异性的，换种说法也就是说，当介质（譬如玻璃或水）各向同性（因为在这种情况下，各个方向都是相等的）时，它在各个方向中就没有相同的特性。对光学的研究首先指出了光在晶体里传播依据的是这个晶体的对称因子。对于导热性或导电性，对于磁化、极化等来说，也都是一样的。

正是在思索有关此类现象的因果关系时，比埃尔·居里被引导去补足和扩展对称的概念，他认为这个概念对于一个现象出现于其中的介质来说是一种特有的空间状态。若想确定这种状态，必须要考虑介质的构成以及它的运动状态和它所从属的物理因子。因此，一个直圆柱体就具有垂直于它在其介质中的轴的一个对称面以及通过这个轴的无穷个对称面。如果这个圆柱体围绕着它的轴旋转的话，第一对称面就存在，但其他的就全都被取消了；如果这个圆柱体恰好被一股电流纵向穿过的话，那任何对称面都不存在了。

对于任何一种现象来说，有必要确定与它的存在相容的那些对称因子：这些因子中的一些可以与某些现象共存，但它们却并非是不可缺少的。相反的，它们中间的一些可能并不存在，是不对称在产生现象。当好几个现象重叠在同一个系中时，不对称就会自行增多（见比埃尔·居里《论文集》第127页）。

就像上述结论所说的那样，比埃尔·居里简述了一种普遍的原理，他的《论文集》（第37页）在对这一普遍原理的研究上，达到了其普遍性和抽象性的巅峰。如此得来的综合似乎是决定性的，好像剩下的只是由此去推论出它所包含的全部发展。

因此，应该确定每个现象独特的对称，并把那些对称群按类别分开。质量、电荷、温度都有着同样的称为"标量"的对称，也就是圆球形对称。水流或单向电流属于矢量对称性，属于"极矢量"一类。正圆柱体的对称属于"张量"。所有关于晶体的物理学研究都可以按照这种方法来归类，但在这种方法中，不需要指定所研究的现象的具体情形，只要观察它们的各物理量在几何和解析上的因果关系就可以了。

因此，对电场所产生的极化效应的研究就相当于在研究两个矢量之间的关系，并列出一组含有9个系数的线性方程式。这种方程式中的各个系数的意义在于，只要对它们加以修改就可以用来表示导体中的电流与电场的关系，或热流与温度梯度的关系。同样，在研究矢量与张量间的普遍性关系时，可以显示出压电现象的各种特性。另外，只要是属于晶体弹性的种种现象，也都可以通过两组张量之间的关系来决定。只不过这些张量通常需要36个系数才能表述出来。

通过以上一系列的简单阐述，我们得以了解自然界中所有对称性在理论上的重要意义，而比埃尔·居里用一种清楚准确的方式表达了其深刻的意义。值得一提的是，巴斯德也用过同样的观念去观察生命，他说："宇宙是一个不对称的整体，因而我们所见到的生命也应是受宇宙不对称作用影响的，或者说我们本身就是这种不对称性的产物。"

随着他在学校的工作逐渐进入正轨，比埃尔又可以着手准备自己的实验研究了。可惜实验研究的条件不太乐观，他没有属于自己的实验室，也没有空余的房间可以使用，至于研究所需的经费也毫无头绪。只是在学校工作多年，亏了舒赞贝格的帮助，他每年才能有一笔不多的研究经费可供使用。此外，也是得益于校长的支持，他所需的实验器材才可以从学校教学实验室的日常开销中划拨，而这笔所谓的日常开销经费其实也是少得可怜。

而实验场地，他只占用一点点。他的实验一部分是在学生们的大课堂里做的，其他大部分是在楼梯下或是学生的实验室里做的。他漫长而行之有效的磁学研究就是在这种环境下完成的。

这种不正常的且明显不利于比埃尔的科学研究的状况其实也有其积极的一面，他可以借此机会与学生们有更多的接触，而学生们偶尔也能参与到他的科学研究中。

比埃尔这次重新研究的目标是针对"直接称量最微小量的精密天平"这一高端研究的。这是1889年至1891年间的事情。这种天平放弃了小砝码，取而代之的是一个测微计，装在天平一边的顶端，透过显微镜来读数。这种天平上装着空气阻尼器，能让天平两端的摆动快速停下，随后便可立即读数。它比旧式天平要好的是，它称量速度极快，而在化学分析实验中称量的速度将直接影响到结果的精确性。因而这种新式天平在化学分析实验室里颇受推崇，可以这样说，比埃尔发明的这种天平开启了天平制造业新的大门。这种天平的发明不完全是靠经验，他先是对阻尼运动进行了一番深入研究，又在学生的帮助下绘制了一些曲线图表，在证实了他心中的推论后才成功的。

1891年左右，比埃尔·居里开始对物体的磁性与温度（从常温到1400℃）之间的关系进行了几年的研究。研究结果在1895年的巴黎大学教师会议上以博士论文的形式宣读。比埃尔用简练明了的语言记述了他的研究目的和结果。他在文中这样写道：

以磁性划分，物体可以被分成三类：抗磁性物体、弱磁性物体、顺磁性物体。〔顺磁性物体的磁化作用和铁的相似，要么是极强的磁化（铁磁化），要么是较弱的磁化。抗磁性物体是指物体的磁化作用特别微弱，并与在同样磁场中的铁的磁化极性相反。——作者注〕初看之下，这三类完全不同。此项研究的主要目的就是要分析这三类之间是否存在着某种过渡，是否能使某一物质顺次经过这三类不同的状态。对此，我研究了许多不同温度和磁场下的多种物质，并对它们的磁性进行了观察和测量。

虽然在实验中我未能证实抗磁性物质和顺磁性物质在性质上有何联系，但是在实验结果中却证实了磁性与抗磁性是由一些不同性质的原因造成的。与之相反，铁磁性物质和弱磁性物质的性质有着紧密的关系。

此项研究在实验时有着大量的困难，因为实验要求在温度高达1400℃左右的装置里测量出极小的力（约百分之一毫克的重量）。

比埃尔·居里知道，他所得到的结果在理论上具有极大的重要性。他从中得到了"居里定律"，依据这一定律，物体的磁化系数与它的绝对温度成反比，此定律很简单，和盖·吕萨克的"理想气体的密度与其温度成反比"的定律相似。1905年，朗之万就在他发表的著名的磁学理论中采纳了比埃尔·居里的这项定律，并从理论上更深入地证实了抗磁性与顺磁性的不同起因。朗之万，以及后来的魏斯，他们的重要研究都证实了比埃尔·居里得到的结果是极精准的。此外，比埃尔也在磁化强度和流体密度间寻到了相似状态，因为物质处在顺磁化状态时能与气态相比较，而铁磁化状态可以与凝聚状态相比较。

比埃尔在这项研究工作中，努力去探索不为世人所知的新现象，认为这些新现象是可能存在的。他忙于寻求一种更强的抗磁性物质，可惜并未成功。他还在研究是否有一些能够传导磁性的物质，磁性是否能像电荷一样呈自由状态存在。在这一方面，他也未曾得到确定的结果。他从未发表过任何有关这方面的研究，因为他已然习惯这样专注于某一现象中，却得不到任何结果。可他就是喜欢寻求意料之外的东西，而从未考虑过要出书立传。

正是这种对科学研究全无杂念的执著让他并不想要专门利

> 对待实验比埃尔就是秉持着这样乐观的态度，他如此积极地投身于科研事业只是因为个人兴趣和理想，而非所谓的名利。

用自己最初的研究成果去写一篇博士论文。当他想把刚刚完成的磁性研究方面的成熟理论汇集成一篇博士论文时，他已经是35岁的中年人了。

至今我对他那天参加博士论文答辩的情形记忆犹新。我们当时已经是很好的朋友，所以我受邀去参加他的答辩。评审组由布蒂教授、里普曼教授和奥特弗耶教授组成。旁听者里有他的朋友和他的父亲。他父亲为儿子获得的巨大成就异常高兴。记忆里比埃尔的答辩简明扼要、条理分明，得到了评委会的一致好评。还记得比埃尔和评审们沟通交流时，我恍惚以为自己在参加某个物理学研讨会。那日，小小的教室里传扬着人类的崇高理想，使我深受震撼。在回想起1883年至1895年间的比埃尔·居里时，我们可以看到他作为实验室主任在学术上的成就。<u>这些年中，他把实验室改建成了全新的教学单位，发表了许多重要的理论性文章和优秀的实验研究报告，还制造了一批十分精准的新仪器，而这所有的一切，都是在设备不完善、经费有限的情形下完成的。</u>因而，我可以认定他摆脱了青少年时期的疑虑和徘徊，找到了自己的研究方法，发挥出了自己不凡的能力。

那时他在国外已颇有名望。在物理学会、矿物学会、电气工程师学会等学术团体会议上，他常把自己的研究成果和别人分享交流，并在各种科学问题的讨论中踊跃发表自己的想法，与会者无不恭恭敬敬，侧耳聆听。

这一时期对他赞赏极高的外国科学家，首推英国著名物理学家开尔文爵士，他在某次科研会上与比埃尔进行了交流，从此，他便对比埃尔既赞赏又友好。开尔文爵士曾在他的某次巴黎之行期间参加了一次物理学会的会议。会上，比埃尔讲起带保护环的标准电容器的构造和使用。他主张用电池对保护环里的中央圆板充电，保护环与地面相连，如此就可以用另一块电板上感应的电荷作为计量。尽管这一构造使电线的空间分布特别复杂，但它的感应电荷却可以用静电学中的定理进行计

> 实验室从无到有的变化，全因为有了比埃尔在此期间的努力。

算，其运用的公式和普通电容器在均匀电场中所用的公式一样简单，此外，依照比埃尔的方法，电容器的绝缘性能更好。初时，开尔文认为比埃尔的推论不准确，但第二天，他就不顾自己的高龄，亲自到比埃尔的实验室里拜访这位年纪轻轻的实验室主任，并和比埃尔在黑板前展开了讨论。后来，他完全被征服了，并兴奋地承认比埃尔推论的正确性。

后来，著名的英国物理学家开尔文在访问法国期间还给比埃尔写了一封信，摘要如下：

敬爱的居里先生：

很感谢您在礼拜六的来信，我对信中的内容十分有兴趣。若是我明日上午11时到您的实验室拜访，您应该会在吧？我有两三件事想与您探讨，还想看看您绘制的不同温度下铁的磁化带曲线图。

此致

敬礼

开尔文

1893年10月

最使我们讶然的是，比埃尔·居里尽管成绩傲然，但12年来，他一直担任的是小小的实验室主任一职。显然无人推举、无人关照、没有背景的人是很容易被人们忘却的。而且他从不愿为了升职而到处奔走，求助于人。他向来人格独立，从不汲汲营营，要让他为了升迁而上下打点，他是绝对不会去做的。所以他只能在此屈就，每月拿着300法郎，这点微薄的收入与一个体力劳动者毫无差别，只够勉强维持生计。尽管境遇如此不堪，他却始终没有放弃自己的工作。

> 不汲汲于功名，甘于平凡，耐得住寂寞，比埃尔精神世界的伟大之处可见一斑。

对这一问题，他曾在写给我的一封信中提道：

有人对我说，我校的一位教授或许会辞职，如若这样，我想要接替他的职位。但任何职位都必须个人进行申请，这真是件让人烦恼的事，我实在做不来如此让人难堪的事。我认为这么做，这样去听他们说这说那，真是太不像话了。很遗憾，跟你言及此事。

比埃尔不仅不喜欢强求晋升，还不求名望声誉。对于名誉、奖赏，他的态度向来坚决，他认为它们不仅没有任何好处，甚至害处多多，若有谁一心想要追寻荣誉，注定是自找烦恼，且会因此将人生的崇高目标置于次要位置，这个目标就是因兴趣而进行的科学研究，这样的目标是人类高尚情操的体现。比埃尔的道德观念向来是真挚而高尚的，所以他的行为举止始终与他的思想保持着高度的一致，他就是这样表里如一、言行一致的人。曾经，舒赞贝格想提议授予比埃尔共和国一级教育勋章，即使这一荣誉会带来无尽的好处，但他仍是谢绝了。他给校长舒赞贝格写信说：

我得悉您再次推举我获此殊荣，感激不尽，但我恳请您千万不要继续。若您真为我申请成功，那我便会处在极为尴尬的境地，因为我已决定不再接受任何名誉。请您谅解我，取消这一申请吧。若您想向我表达关怀，像您从前那样，努力让我心无旁骛地研究实验就是对我的最大关怀了，这一点已远远好过为我争取虚无的名利。但是，对此我仍是无限感激。

比埃尔从未违背过自己的意志。1903年，政府曾有意授予他"荣誉勋章"，但却被他婉言拒绝了。不过，虽然他不愿为自己的仕途四处奔走，但在1895年时，他还是得到了升迁。法兰西学院著名物理学家马斯卡尔教授被比埃尔·居里的能力所感，再加上听闻开尔文爵士对他的高度赞赏，便向舒赞贝格极力举荐他，后来物理和化学学校开设了一个物理学讲座，聘请比埃尔做教授，让他能够尽情发挥自己所长。只可惜在这一时期，比埃尔的实验经费问题还是没能得到任何改观。

> 虚名浮利，对比埃尔来说不足挂心，他意志坚定，从未有一刻动摇。

名师伴你读

▶ 品读与赏析

　　本章主要讲述了比埃尔·居里在物理和化学学校关于对称原理和直接称量最微小量的精密天平的研究。

　　比埃尔·居里在这所学校里工作了22年，在这22年中他有20年的时间都在做小小的实验室主任。这并非因为他能力不足，而是因为他从不汲汲于功名，不愿因为自己的工作而上下打点。他有自己坚定的意志、人生的信条，他不去寻求任何荣誉，反而还会拒绝别人为他争取名誉。在他看来，这让他十分尴尬和难堪。

　　我不知该用怎样的语言去形容他人格的伟大、精神世界的富足。比埃尔·居里就是那样一个纯粹的科学研究者，他可以在恶劣的条件下研究，只为了心中无法磨灭的对于科学的激情。正因为他不愿接受任何赞誉，所以我们能做的，便是默默地向他崇高的精神致敬。

第四章　生活与品德

阅读笔记

　　初次遇见比埃尔·居里是在1894年的春天，当时我已在巴黎大学就读三年了，并通过了物理学的学士考试［法国大学通常一、二年级是第一阶段（基础阶段），三、四年级是第二阶段（学士、硕士阶段），然后是第三阶段（大学博士阶段）。此后如果继续深造，可以获得国家博士学位］。在准备数学学士学位考试的同一时间，我也在里普曼教授的实验室里做研究。<u>我所认识的一位波兰物理学家十分尊敬比埃尔·居里，有一日他邀请了我们和他们夫妇二人共度周末。</u>

这是作者与比埃尔·居里初次相遇的契机。

　　那时当我走进客厅，就看到比埃尔·居里站在朝向阳台的落地窗边，他看上去特别年轻，虽然已经35岁了。他目光清澈，深沉幽远，身材颀长，俊逸非凡，给我留下了异常深刻的印象。他说话不急不徐、深思熟虑、直率明朗，笑起来既庄重又灵动，让人十分信赖。我们聊起天来十分投契。初时我们聊起的是科学问题，我很愿意听一听他的看法。随即，话题就又转换到我们都有兴趣的社会和人类问题上。我们俩虽然国籍不同，但对待事物的想法和观点却非常一致，想来应是我们所生长的家庭环境中有着某些相同的道德观念使然。

　　我们再次相遇是在物理学会和实验室里，随后他就请求我允许他前来拜访。当时我正住在大学区一幢楼房的7层，这是一座破旧的楼，但我因经济状况不佳，也只能住在这里。即便如此我仍是开心的，因为我终于实现了能在科学方面深造的愿望。那时，我25岁。比埃尔·居里前来我的住处拜访，见我生活环境如此恶劣，便对我表达了真挚的关心和怜惜。此后，他就时常同我讲起他想要为之终生奋斗的科研梦想，并请求我能够同他一起分享这样的生活。但我一时无法下定决心，因为倘若同意就意味着我要与我的家人、我的祖国分开，并放弃我视若珍宝的种种为社会服务的计划。我在饱受压迫的波兰长大，在浓重的爱国主义情怀中长大，我希望自己能同千千万万个祖国的青年一样，为使民族精神永存而奉献自己的全部力量。

那年假期，我离开巴黎回到波兰，待在父亲身边，我和比埃尔·居里的事也就告一段落。在分隔两地的时光里，我们书信往来频繁，双方情感与日俱增。

时间到了1894年夏，比埃尔·居里写给我的信总是激情满满，文采斐然。因为他习惯言辞简约，信的篇幅都不长，但他在每封信里都向我传达着他的一片赤诚之心，热切地渴望能与我共结百年之好。我很痴迷于他的文字功底，再没有人能如他一般用寥寥数语就将某种精神状态或境况表达得如此清楚明白，而且还是用那样质朴的方式直达事物的本真，给我留下了深刻的印象。我已在前文引用过他信中的某些片段，此后尚有其他需要引用。在此我先将他迫切希望我能成为他妻子的几段引用一下：

我们已经相互许诺（对不对呀？），起码也要保持两人间伟大的友谊。唯愿您此刻仍未改变心意！因为口头许诺算不得数，而此事又是无法勉强的。可这又是一件美事，我是如此企盼着我们能携手在我们的梦想中走完一生：您献身祖国的梦，我们为人类谋福祉的梦和我们纯粹的科学之梦。以上这些梦想中，我觉得最后这个梦是可能实现的。我是想说，我们无法改变已有的社会状态，即便真有此种可能，我们也不知该如何去做，若只凭一时想象去做，说不定会适得其反，阻碍到社会难以避免的进程。而科学则不然，我们是能做些力所能及的事的，因为这一领域是能够被真实触碰到的。尽管领域狭小，但

据此可见，比埃尔始终坚信自己的科技之路是能够有所发展，并为人类造福的。

我们终将有所获益……

我十分焦心地希望您能在10月回到巴黎，若您今年不能归来，我必会十分痛苦。不过，这可不是出自于朋友的私心才想让您回来，我只是觉得您在这里学习会更加有利，且能更快完成更踏实有用的工作。

从这封信里，我们得以了解，对比埃尔·居里而言，未来就只有这一条路。他将自己的生命都献给了他的科学之梦。他需要一位志同道合的伴侣与他一同实现这一梦想。他曾反复对我说过，他之所以36岁仍未结婚，是因为他不相信会有绝对符合他这一条件的婚姻存在。

22岁时，他在日记中曾这样说过：

女人比男人更愿意为了生活而生活。天才的女人简直少之又少，因而，当我们被所谓的爱情所左右，想进入某种反自然的道路时，当我们全身心地关注自然奥秘时，我们就会将自身与社会隔离开来，我们就要与女人来斗争，而这种斗争本就是不对等的，因为女人总会用生活和本能的名义堂而皇之地拖住我们的后腿。

除此之外，从我引用的信中，看得出比埃尔相信科学，相信科学对人类有无尽的力量，这种信念是不可动摇的。巴斯德说："我坚信科学与和平终将战胜愚昧和战争。"比埃尔的这一看法与巴斯德的可谓是高度一致了。

正是因为这种相信科学能战胜一切的信念让比埃尔·居里极少参与政治。他深受教育和信念的影响，崇尚民主思想和社会主义思想，但又不被任一党派的理论左右。此外，他与他的父亲一样，始终执行着一个公民应尽的义务。不论是公众生活还是个人生活，他都反对使用暴力。他曾在写给我的一封信中这样说：

倘若有一个人，想用自己的头把墙撞倒，您对此如何看待？这种想法最初或许是源于某种美妙的愿景，但若真的做到实处，那便愚蠢可笑至极了。我认为有些问题可以用一般方法解决，而在今天，也不可用个别的办法去处理，人一旦走上了一条没有出口的道路，就有可能做出许多错事。我还觉得当今世界本就没什么正义可言，唯有强权政治，或者经济大国才能胜出。一个人苦苦挣扎着，却过着悲惨的日子，这是何等令人气愤的事情，可是这种事情并非你感到气愤就会消失了的。自然，这种情况也可能会消失，因为人就是一种机器，从经济观点来看，要让一部机器在自然状态下而非强迫的状态下运转，才是上策。

他认识自己的内心就像是在观察其他普通事物一般，都有着准确清醒的认知。他一直觉得最重要的是遵从自己内心的真实意愿，同时也要尊重他人的观点。为了不顾此失彼，就必须权衡轻重，能避让的就避让。但即使他尽可能地谦让，将矛盾程度降到最低，却也始终无法完全规避矛盾，他因而常常感到苦恼。他在写给我的一封信中写道：

我们是情感的奴隶，是我们所爱的人的成见的奴隶。我们需要谋生，于是便成了机器的齿轮。最使人痛苦的是，我们必须向我们生活的这个社会中的种种偏见让步。让步的多少取决于你是强大还是弱小。若让得不够，你便会被碾得粉碎。若让得太过，你便会变成卑鄙小人，就连自己也会厌恶自己。今日的我已然背弃了我10年前所遵循的原则。那时我认为做一切事都得做到极致，对于周遭的一切决不可做任何的让步。那时的我以为，一个人就该把缺点示于人前，正如其优点一样。

以上便是那个无钱无权却想要和他遇见的贫困的女大学生永结连理的人的思想状况。

假期归来，我们日益亲密，彼此心中都明白除了对方再不会找到更合适的终身伴侣了。于是，我们在1895年7月25日结婚了。依照着我们的共同志趣，仪式很简单，没有采用宗教形式的婚礼仪式，因为比埃尔·居里没有宗教信仰，我自己也不是教徒。比埃尔的父母对我表达了热切的欢迎，我的父亲和姐姐也参加了婚礼，他们都很开心能认识这个我即将融入其中的

面对着错综复杂的社会人际关系，比埃尔不得不做出改变和让步，甚至于改变自己的处事原则，这使得他十分苦恼。

家庭。

一开始我们住得很简朴，是一个位于格拉希埃尔街的三居室，距离物理和化学学校不远。这里最大的好处就是面向着一个美丽的花园。家居用品很简单，都是从父母家搬来的。因为经济实力有限，我们没雇用人，我一人包揽了全部的家务活，所幸在求学期间我已经习惯于做这些了。

比埃尔·居里的教师职务每年有6000法郎的收入，我们觉得他不能做兼职，至少现在不能。而我则着手准备青年女子教师资格证的考试，以便谋求一份教师职业，1896年我通过了此项考试。我们的生活都是为了顺应我们的科学研究工作而安排的。我们一整天都待在实验室里，舒赞贝格允许我和丈夫共同工作。

那时，比埃尔正醉心于晶体形成的研究，兴趣非常大。他想知道晶体的某些面是因为生长速度的不同还是溶解度的差异造成它们的特殊发育和生长。很快他就得到了一些有趣的研究结果（并未发表），后来又因为要继续放射性的研究不得已中断了对晶体的研究，这也使他感到十分憾然。这一时期，我正忙于淬火钢磁化作用的研究。

比埃尔·居里教学时备课非常认真。他的课是新开设的，并没有规定他做教学大纲。初时，他将课程分作晶体学和电学两部分，后来他慢慢觉得对于培养未来的工程师而言，电学理论是很有用的，于是他便专门讲授电学理论，并把这门课列为正式课程（20课时左右），当时，他这门课称得上是巴黎大学最系统、最现代的课程。为了能将这门课讲好，他付出了很多心血，这一点是我每天亲眼看到的。他总是对各种现象理论和观点的演变做出形象的全面解释，且务求精确明了。他一直想把自己的讲义装订成书，但因琐事繁多，几年来一推再推，终是未能如愿。

我们之间一直是亲密无间的，因为我们总有着共同的爱好：理论工作，实验，备课或是备考。在共同生活的11年中，我们几乎没有分开过，所以这段时间我们并没有什么信件来往。每逢休息日或假期，我们会徒步或是骑车远游，去巴黎郊区的田野乡间或是去海边林中。比埃尔的心里满是工作，所以很难在某个无需工作的地方待上一阵子。只要空闲几日，他就会说："我觉得我们已经很久什么都没做了。"不过，他对于外出游玩还是很有兴趣，玩得很开心，我们一起出去时，他就像从前和他哥哥一起玩时一样快乐。即便开心地出去游玩，也无法阻止他思考科学研究的问题。就这样，我们走遍了塞樊纳地区和奥弗涅山区以及法国海滨和几处大森林。

在自然的怀抱里徜徉，到处都是美丽的景致，让人难以忘却，所以日后会常常想起。有一日，阳光灿烂，经历了长途跋涉后的我们来到了奥布拉克高山草甸，空气清新，满野碧绿。还有一次，恰逢日落，我们正在特吕埃尔山谷流连，忽听得一阵民歌小曲传来，随即见一小船慢慢驶来，顺水而远，歌声渐稀，我们恍若置身仙境，乐而忘返，直到第二日清晨才回到住处。归来时，忽见一辆马车迎面奔来，马匹为我们的自行车所惊，飞奔而起，我们急忙翻下大路，穿越耕田而去，行了许久，直至高处，才复返大路。此时，月光熹微，朝阳即将出现，栏中的奶牛瞪着大眼温顺地瞧着我们。

春季的贡比涅森林让我们深深迷醉，一眼看不到尽头的绿意葱茏，其间点缀着春花和野葵，如梦似幻，让人迷醉。枫丹白露森林边缘的鲁安河畔也是比埃尔放松心神的好去处。我们喜欢布列塔尼海边的宁谧幽静和生长着一片片金雀花和欧石南的田野。田野一直延伸到菲尼斯代尔海角，海角旁逸斜出，消失在不断拍打着它的浪花。

此后，因为孩子的降生，我们不能再出门远游，只好寻了固定的某处度过假期。我们生活得低调内敛，与周围偏僻村庄里的居民别无二致，没有人会认得我们是谁。还记得那天一个美国记者来普尔杜村找到我们时，就那样张口结舌地愣在那里。彼时，我正安坐在房门前的石阶之上，倒着鞋子里的沙土。好在他愣了一会儿，便也坐在我的身边，拿出笔记本记我针对他的问题所做的回答。

我同比埃尔的父母建立起了非常深厚的情谊。我们常常前去苏城探望两位老人家，比埃尔从前住的房间永远都为我们留着。我和他哥哥雅克·居里以及他的家庭（他早已结婚，是两个孩子的父亲）也相处得很好，我始终将他看作是自己的亲哥哥。

1897年9月，我们的大女儿艾莱娜出世了。可就在几周后，比埃尔的母亲就离开了，他的父亲便搬来和我们同住。那时我们就住在巴黎克勒尔曼大街108号蒙苏里公园附近一处有花园的房子里，一直住到比埃尔不幸亡故。

有了孩子后，我们的研究工作多了不少困难，因为我需要让出更多的时间来做家务。幸而，我可以把女儿交给她的祖父照看，而且他也很乐意这样做。家里多了孩子，又要雇用人，我们不得不努力开源节流。但如此两年，情况并未好转，因为我们一直忙于放射性问题的研究。直至1900年，状况才慢慢好转，但这都是以时间为代价的，我们本可以用这些时间去做科研的。

我们推拒了一切的应酬交际，比埃尔对于这些有种无法抑制的厌恶。不论是在他年轻时还是以后，他从不愿登门造访或是攀附权贵。他生性严肃，少言寡语，宁肯独自一人思索问题，也不想和别人闲聊乱扯。但他跟童年时的伙伴们却始终保持着不错的关系，在科学上有共同兴趣爱好的朋友他更是愿意多多亲近。

朋友中，与他最为亲近的是里昂理学院的古伊教授。他俩相识于比埃尔在巴黎大学做教辅人员的时候。此后，他们经常书信往来，探讨科学问题。每次古伊到巴黎暂居，二人都要聚在一处讨论个不停。现任地处塞弗尔的国际度量衡标准局局长的纪尧姆同样也是比埃尔的好友。他们常在物理学会见面，周日二人还要去塞弗尔或是苏城相聚。此后，比埃尔身旁还集结

阅读笔记

了一群更年轻的友人，都和他一样是做物理和化学研究的，他们所研究的都是这两门科学中最先进的：他的挚友德比埃纳，他在放射性研究上的合作者；乔治·萨涅克，他在X射线研究中的合作者；保尔·朗之万，他从前的学生，后来的法兰西学院教授；让·佩兰，巴黎大学的物理化学系教授；乔治·乌尔班，巴黎大学化学教授。这些人常到克勒尔曼大街来拜访我们，众人一同聊起正在进行或即将开始的实验，探讨新的思路和理论，并对当代物理学的高速发展感到兴奋。

我们家里通常不会集聚很多人，比埃尔不爱这样的热闹。他觉得人少一点的聚会反而更加自在，因而除了一些学术会议外，他极少参加其他会议。偶尔有一两次人多的聚会，他若对谈话内容不感兴趣的话，就会待在一个安静的角落，继续他一个人的思考。

> 据此表明比埃尔生性严肃，少言寡语。

我们和家里的亲戚也很少往来，因为我们双方的亲戚本来就不多，住得又太远。但若是我的亲戚来巴黎看望我们，比埃尔对他们都是非常亲切友好的。

1899年，比埃尔和我一道去往奥地利管辖的波兰，我们去了喀尔巴阡山，我的一个姐姐在那里，她和德鲁斯基医生结了婚，她自己也是学医的，他们在那里共同经营着一所大型疗养院。比埃尔虽然不喜欢学习外语，但因为他想要多了解我喜爱的东西，便也打算学习波兰语，我从未鼓励他学波兰语，因为我认为这对他而言并无用处。但他对我的祖国十分关切，认为未来波兰一定会自由独立。

在共同生活的日子里，我对比埃尔的了解逐渐加深，也日益看清了他的思想。他跟我想象中的一样优秀，甚至还要优于我的想象。他非凡的才能使我对他愈加仰慕。他的才智之高，使我觉得世上再无人能与他比肩。他完全摒弃了世俗的虚荣之心和鄙俗之心，那些普通世人身上常见的缺点，在他的身上一丝也找不到。

想来这就是他魅力无限的原因，和他在一起，时刻都能感受到这种魅力。他思考时的沉静面庞和那熠熠生辉的双眸都有着巨大的吸引力。后来，我又发现他温文尔雅，温柔敦厚，这更加大了他对我的吸引力。他时常说自己毫不争强好胜，这话倒是真的。你很难和他吵架，因为他从不会生气，他常微笑着说："我并不擅长发脾气。"若说他的朋友很少，那他也没有一个敌人，因为他从不伤害别人，连无意间的伤害都不曾有过。只是，千万不能让他违背自己的行为准则，因而他的父亲称他为"温柔的固执者"。

当他阐释自己的观点时，总是直率坦然的，因为他觉得外交方式是极其幼稚的，唯有开门见山才是最简单的方法。因而，他以率直天真出了名，但实际上，他是经过一番考量之后才有了这样的做法，而并非出自本能。或许正是因为知道如何进行自我评判和反思，他才能清楚地明白别人的行为动机、意图和想法。他在根本的地方几乎不会出错，即便出错也都是些细枝末节的东西。他的心中常有自己坚定的判断，可却极少说出口。但是，若他想要说出来，或者认为说出来更好的时候，他就会毫不犹豫地说出自己全部的想法。

当他和科学界的朋友们在一起时，他不尖酸，不被自尊心和个人感情牵绊。他会为每一次实验的成功欢呼，即使在这一领域他不是最领先的那一个。他总这样说："即使别人先于我发表了研究成果，那又怎样呢？"他认为在科学界，大家关注的应该是事物而不是人。所有争名逐利的想法都和他的情感格格不入，因而他坚决反对中学里的会考排名以及授予荣誉证书的做法。对于那些他认为能够从事科学研究事业的人，他总是毫不保留、倾囊相授，其中的一部分人至今对他怀着满满的感激之情。

不求名利，也不争强好胜，比埃尔心里有的是光明的未来科学之路，而不是一人、一时的成败得失。

若说他的态度已经达到人类文明顶峰的精英态度的话，那他的一举一动就是一个真正的好人的举动，他平和、包容、不争、舍己为人，这一切都与他所受的教育有关。他时时刻刻准备着竭尽全力帮助任何一位有困难的人，并愿意为此花费自己

★阅读笔记 珍贵的时间，这对他而言可是极大的牺牲。他的无私是源于内心的，从不大肆宣扬，因为他觉得钱财在保障衣食无忧外，就是用来帮助别人和成就自己热爱的工作的。

　　他对于亲人和朋友的爱，我不知该如何描述。他朋友不多，一个人一旦成为他的朋友，就会收获他最忠诚可靠的友谊，因为这是以共同的思想观念为基础的。他对哥哥的情谊和对我的爱是多么珍贵呀！他柔情满满，让人感到特别幸福、甜蜜。有了他的温柔缱绻，我真的感受到了无法言说的美好，而这份爱一旦失去了，一切就变得格外残忍，无法忍受。在这里我引用一段他的话来表达他对我满满的爱意：

　　我思念你，你走进了我的生命，可我想让你给我一些新的力量。当我把全部思想放在你身上时，就像现在这样，我的心里就会浮现出你的倩影，就能看到你的一颦一笑，就能让你感到此时我已全部属于你，可我却没能看到你出现在我眼前。

　　我们少有短暂分别，以上是其中一次他给我写的信中的一小段。我们对自己的健康状况没有多少信心，对在如此艰辛的环境中身体能否坚持得住也没有太大把握。就像珍惜彼此的人们常会感到的那样，我们时常担心噩运会到来。每到此时，他总能鼓起勇气说出这样的话："无论发生了什么，即便我们中的一人成了没有魂灵的躯壳，另一个人也要努力工作下去。"

生命不息，科学之路不止，比埃尔的精神实在伟大。

名师伴你读

▶品读与赏析

　　从本章中可以得知，虽说比埃尔生性寡言，不善交际，但也只是针对那些无用的、复杂的人际关系。他疲于应对这些，认为那是在浪费他宝贵的科研时间。毕竟，他是决心将一切奉献给科学的人。就如他自己所言："尽管领域狭小，但我们终将有所获益……"

　　但他是那样热切地爱着他的妻子——玛丽·居里，正如他热爱着科学一样。因为再没有谁能如玛丽·居里这样与他志趣相投，琴瑟和鸣了。他们有着相同的爱好、相同的理想、相似的人生价值观。或许也正是因为这一点，他才会告诉她："即便我们中的一人成了没有魂灵的躯壳，另一个人也要努力工作下去。"

第五章　实现梦想，发现了镭

前文曾说，1897年比埃尔正在研究晶体的生成。我也在暑假开始时完成了对于淬火钢的研究，并因此获得了国家工业奖励协会的补贴金。9月，大女儿艾莱娜出生，我经历一番休整后又重回实验室工作，做博士论文的准备工作。

1896年，亨利·贝克莱尔发现的一个奇异现象成功吸引了我们的目光。那时，伦琴发现了X射线，因而不少物理学家都在研究荧光物质在日光的照射下能否发射出与X射线相似的射线来。此时，亨利·贝克莱尔正在研究铀盐，无意中发现了一个和他试图探究的现象完全不同的另一现象：铀盐能够自动发射出一种性质独特的射线。这便是放射性的发现。

> 亨利·贝克莱尔的这一发现为后来镭的发现奠定了基础。

亨利·贝克莱尔的发现过程是这样的：将铀盐放置在用黑纸密封的相机底片上，在黑暗处放上几日，底片上就会有影像显现出来，与日光照射铀盐所得的影像相似。这一现象是铀射线穿透黑纸所造成的。这种铀射线能和X射线一样，让验电器放电，将验电器周围的空气变成导电体。

亨利·贝克莱尔相信，铀盐的此种特性和在暗处放置的时间长短无关，即使将它在黑暗里放上几天，它的放射性也依然存在。因此便有此一问，这种能量来自哪里？即便这种能量极其微小，它却能源源不断从铀盐中放射出来。

我们觉得这个现象挺有意思，特别是这一现象是前所未见，无人发现的。我决定对这一现象进行深入研究。

若想进行实验，必须有研究场地。比埃尔得到校长的批准，将一楼一间有着玻璃门窗的屋子给我使用。这间屋子原本是间储藏室，兼做机修间。

想要对贝克莱尔所得的发现做进一步研究，就得使用精准的定量测量。而铀盐放射的射线在空气中的传导性是最适合计量的现象。这种现象叫作电离作用，X射线也有同样的现象，X射线的这些主要特征也是刚从电离现象中得知的。

为了测量铀盐辐射从空气中穿过时让空气离子化而产生的非常微弱的电流，我需要使用雅克和比埃尔兄弟俩发明的仪器。它的原理是利用电离作用引起的微小电流所含的电量，在一支异常灵敏的静电计中，与一个压电石英结晶所得到的电量持平，从而计算出极其微小的电流。如此一来，我的设备仪器里就需要一个居里静电计，一块压电石英晶体和一个电离室。电离室由一个平板电容器构成，它的上板和静电计相连，下板涂有一层薄薄的需要计量的物质，下板上还要加一定数量的电压。可在这样窄小潮湿的底层使用这种仪器显然很不合适。

我用实验证实了铀盐的放射性是可以被精准测量的，这种放射性是铀元素的原子特性之一，其放射性的强度与化合物中含铀的数量成正比，且不受化合物的化学性质的影响，也不受外界光与热的影响。

我开始探究是否还有其他具有放射性性质的物质存在，于是我把所有已知元素，不论是纯元素还是化合物，全都研究了一次。最终我发现只有钍的化合物能放射出跟铀相似的射线。钍的放射性强度和铀是同一水平的，并且放射性也是钍元素的特性。

自那时起，我们就得以一个新的名称来称呼铀和钍等物质显示出的新性质了。我想以"放射性"给它命名，此后这一称呼便被广泛使用，而具有放射性的元素也就被叫作"放射性元素"了。

在研究过程中，我不但分析了盐和氧化物这一类的简单化

> 发现放射性，为放射线命名，是居里夫妇实验生涯的巨大转折点。

合物，还对一些矿物进行了研究。它们中有几种含有铀和钍的矿物也具有放射性，但它们的放射性不是很寻常，因为它们的放射性强度比纯铀或者纯钍的放射性还要强很多。

这种现象令我们十分诧异。当我十分确定这不会是实验错误时，就试图为这种不寻常的现象找到答案。于是我开始假设含有铀和钍的矿物中必然含有微量的另一种元素，它的放射性要强于铀和钍。这种元素肯定不是人们所知元素中的一种，因为我们已经对所有已知元素做了分析，这应该是一种新的化学元素。

我迫不及待地想要证实自己的这种设想。比埃尔对这一现象也很有兴趣，他将他的晶体研究搁置了下来——他那时还以为只是暂时性地搁置呢——和我一起寻找这一新元素。

我们挑选了一种叫作沥青矿物的含铀矿石，它在纯净状态下的放射性比铀还要强4倍。

这种矿石的成分已经被我们做过了精密的分析，因而我们十分期盼能从中找到百分之一的这种新元素。此后我们果然在铀沥青矿物中找到了一种新元素，但它的含量太微小了，还不到百万分之一。

我们使用的办法是一种以放射性现象为依据的新化学分析法。首先要用普通化学分析法把铀沥青矿中的各个组成部分剥离开来，然后在合适的条件下，计算各个组成部分的放射性。我们用这种方法，就能了解部分分析出来的放射性元素的化学特性，知道了这种放射性元素在部分物质中的浓度在增加。不久后，我们又发现这种未知的放射性元素大部分集结在两种不同的化合物中，因而我们意识到在铀沥青矿中，至少还有两种未知的新放射性元素，我们便把它们命名为钋和镭。1898年7月，我们对外界宣布了钋的发现，同年12月，又宣布了镭的发现。（我们和贝蒙一起宣布了镭的发现，因为他和我们一起做过实验。——作者注）

虽然研究的进展很快，但此项研究尚没有完成。我们认为这两种新放射性元素是肯定存在的，但想让化学家们认同，就必须把这两种元素分离出来。但是我们得到的放射性极强（比铀强几百倍）的化合物中，钋和镭的含量却极其微小。钋和铀沥青矿石中提取出来的铋结合在一起；镭又与钡相化合。我们已经知道该如何将钋和镭从铋和钡的化合物里分离出来，但想要进行这一操作就需要大批量的铀沥青矿石。

也正是在这一阶段，我们的研究工作受到了阻碍：实验室场地太小，资金匮乏，人手不够。

铀沥青的价格太昂贵，我们现有的资金不足以购买足够多的铀沥青来进行研究实验。这些矿石的主要产地在波希米亚的圣约阿希姆斯塔尔，奥地利政府在那里开了一座矿，用以开采铀矿石。据猜测，我们觉得提炼铀之后的废渣里一定含有镭和钋，而那时，这些废渣都被视作废弃物。幸亏有了维也纳科学院的帮忙，我们用极低的价格买进了好几吨矿渣，用来做研究。初时，实验所用钱款都是我们自己的，后来才得到了少量的政府资助和外界的捐赠。

当时最需要解决的就是实验场地的问题，我们不知道该去哪里进行化学分析。后来我们找到了一座废弃的仓库，和我们放置静电仪器的房间相隔一座院子。仓库是个木制的棚子，沥青地面，玻璃屋顶，由于荒废多年已破败不堪，一下雨就会漏水。棚里有几张破松木桌子，一个永远热不起来的铸铁取暖炉和一块黑板。比埃尔特别喜欢在黑板上写写算算。我们做化学实验时总会有有毒气体析出，但木棚里没有通风设备，有时不得不到院子里去做。倘若遇上阴雨大风天气，就只好在棚子里，打开窗户做实验。

在这间临时充当实验室的木棚里，我们在没有任何帮助的情况下做了两年，初时我们一起做化学分析，探究我们所得的放射性提炼物质。后来便不得不分头进行：比埃尔研究镭的放射性；我继续化学分析，提取纯净的镭盐。需要我处理的原料往往一次多达20千克，木棚里到处都是装满液体和沉淀物的容

任何一项伟大的发现在实验之初都要付出巨大的代价，就像居里夫妇在外面刮风下雨、屋内毒气熏鼻的情况下坚持做实验一样。人们往往只看到结果的伟大，却不晓得过程的艰辛。

器。搬运、倒水、用铁棒搅动大锅里翻滚的铀沥青矿渣，一次就得几个小时，真能把人累坏了。我从矿石中提取出含镭的钡化合物（它的成分是氧化钡）后，还需用分步结晶法进行分离和提取。最后，镭元素全部集中到最难溶解的化合物中。必须要用极其精密的方法才能得到这种结晶，但这在我们的木棚中难以实现，因为这里灰尘煤烟太多，极大地影响了结晶的纯净度。

一年后，我们的研究结果表明：镭的提取比钋要容易得多。因而我们决定先提取镭元素。我们对提取出的镭盐进行了测定放射性能力的研究。我们还把镭盐样本借给了好几位科学家，特别是亨利·贝克莱尔使用。在这里引用波尔森写给比埃尔的一封感谢信，因为自1899年起比埃尔就开始给他提供放射性物质了：

敬爱的先生和朋友：

我于8月1日在冰岛北部收到了您的来信，不胜感激。

先前我们计量一个固定导电体的某一点电压时是根据它周围的空气来确定的，现在我们已经不再用这种方法了，而改用您的放射性粉末的方法……

敬爱的先生和朋友，请收下我真诚的谢意，再次对您的巨大支持表示感谢。

亚当·波尔森

1899年10月16日于雅克雷伊

1899年至1900年间，比埃尔和我一同发表了几篇论文，一篇是关于镭产生的感应放射性的发现的论文；另一篇是关于放射性作用的，例如发光和化学作用等方面；还有一篇是论述放射线携带的电荷的问题。此外，还有一份关于新放射性物质及其放射性的总体报告，这是比埃尔在1900年的物理学会大会上发布的。另外，他还发表了一篇有关磁场影响放射线的研究报告。

我们和其他几位科学家在这一时期的研究成果让人们认识

了镭射线的性质，并展示了这些射线属于三种不同的范畴。镭放射出一些具有放射性的微小粒子束，其运行速度特别快，有些带着正电，构成 α 射线，其他的更细微，带着负电，构成 β 射线。这两组射线在运动过程中受到磁场影响。第三组由 γ 射线组成，不受磁场影响，现在我们已经知道它是与光和X射线相似的一种辐射。

最让我们感兴趣的是这些被提取出的含镭丰富的化合物都能发出光芒。比埃尔曾希望它们会是五颜六色的，没想到它们还能发光，这极大地超出了他的预期。

1900年的物理学会年会上，我们将新放射性元素方面的最新成果向国外的科学家们进行了详细介绍。无疑，这一新放射性物质成为本次与会者们倍加关注的目标。

正因为这次偶然的发现，我们这段时间将全部精力都投注到了这一新领域的研究中。虽然研究条件简陋，但我们依然十分快乐。我们整日都待在实验室里，午饭也是随便糊弄一下。但在我们的陋室里，始终弥漫着安宁平和的氛围。平时在等待实验结果的过程中，我们会在棚子里走来走去，探讨着当下和以后的研究方向。我们觉得冷的时候，就喝一杯炉上的热茶，温暖身心。我们心里想的除了实验研究外什么都没有，整日都像是在梦中一样。

有时吃罢晚饭，我们还要回到棚子里去看上几眼。我们的珍贵成果没有地方存放，只能摊在桌子和木板上。所以无论从哪个角度看，都可以看到它们发着光的样子，那些幽幽浮动的亮光在黑夜中莹莹烁烁，使我们异常兴奋和着迷。

原则上比埃尔没有学校指定的助手。但他当实验室主任时曾有过一个帮工帮助他，即使到了现在，只要有时间他也依旧会来帮忙。这个人名叫佩蒂，与我们感情很深，很乐意帮助我们。他善良真诚，十分关注我们实验的成败，正因为有了他的帮助，减小了我们不少压力。

最初放射性研究是我们自己在做。后来由于规模扩大，便

这种迷恋象征着这份研究成果为研究者带来的无限喜悦与宽慰，这意味着一切辛劳都有了回报。

陆续需要他人的加入了。1898年，学校里的一位实验室主任贝蒙便暂时性地帮助过我们。1900年前后，比埃尔认识了一位年轻的化学家安德烈·德比埃纳。安德烈是弗里代尔教授的助教，教授对他很是欣赏。在比埃尔的建议下，安德烈欣然加入了放射学研究的队伍。当时我们曾认为有种新的放射性元素存在于铁族和稀土族元素里，便让安德烈着手负责这一部分。最终他找到了这种新元素，并给它取名为锕。虽然他的此项研究是在巴黎大学让·佩兰教授领导下的理化实验室里做的，但他会时常到我们的木棚里看望我们，过了一段时间他就成了我们很要好的朋友，后来也成为比埃尔父亲以及我们孩子的朋友。

同期，一位名叫乔治·萨涅克的青年物理学家正在研究X射线，他时常到实验室来和比埃尔一同探讨。他认为X射线和它附带产生的射线及放射性物质产生的射线之间，可能会有些许相近之处。他想要对此加以研究，于是比埃尔便和他一起对这些附带射线携带的电荷进行了深入探究。

我们的实验室里除了来来去去的物理学家和化学家外，再鲜有外人出入。他们来此或是参观实验，或是向比埃尔讨教，因为那时比埃尔在物理学领域已经是小有建树了。<u>他们通常是在黑板前讨论，那些讨论的场景至今都叫人难以忘怀。这极大地激起了人们对于科学的向往，让人奋发，让人充满无穷的想象，帮助人们积极思考，但这些又不会破坏属于实验室的安静、严肃的氛围。</u>

这是真正的智者们对于改变未来、谋求人类幸福的讨论，是与实验室安静、严肃的氛围相辅相成、相得益彰的。

名师伴你读

▶品读与赏析

相信每个读过此篇的人都会深受触动。作为普通人，在享受科技所带来的先进、幸福的生活时，很少会有人探究科技背后属于研究者们的疲累和辛劳。无疑，镭的发现是伟大的。时至今日，它仍在为我们的生活服务。而在研究之初，居里夫妇所面临的种种困境，又岂能是这短短的一篇文字说尽的！

居里夫妇一直烦忧的不是实验过程中的艰辛，因为他们是决心为科学奉献一切的。事实上，他们也确实是这样做的。困扰他们的始终是经费、实验场地和人手。谁能想到，那样一间风雨飘摇的小棚子会是镭产生的地方？谁能想到，这对夫妇是以怎样的决心和毅力才能在寒风中、在暴雨中、在四处弥散着的毒气中，获得这样震惊世界的成就？

或许，用伟大二字已不足以形容他们。他们奉献的精神、高尚的人格都将和他们的成果一起流传后世，熠熠生辉。

第六章　盛名下的重负，迟来的关怀

　　虽然我们全身心地投入到实验中去，虽然我们平日里省吃俭用，但到了1900年前后，我们的生活还是变得捉襟见肘，难以为继。比埃尔向来对在巴黎找到一个薪资较高的教师职位不抱什么希望。此类职务薪水并不太多，但完全可以让一个没有其他经济收入而且要求不高的中等家庭满足生活所需。他没有在巴黎高等师范学校、巴黎高等综合工艺学校就读，所以缺少这种重点大学的受教育背景，而这种背景对毕业生们起着决定性的作用。所以那些依照他目前的成绩能得到的职位，全部被其他人抢先一步夺得，甚至于，从没有人想到要他去担任那些职务。1898年初，巴黎大学物理和化学主讲教授萨莱去世，主讲一职因此空缺，比埃尔就主动申请了这一职务，只可惜以失败告终。这一次的失败让他认定自己无缘升迁。但1900年3月，他得到了巴黎高等综合工艺学校的辅导老师一职，但也只是做了短短半年就结束了。

　　1900年夏，好消息传来：日内瓦大学邀请他任物理学讲座的教授。日内瓦大学校长向他发出了诚挚的邀请，并再三强调自己为了请他这样有名望的科学家来校执教曾做出了怎样特别的努力。校长承诺，一切待遇优厚，并将特别为比埃尔建立一个物理实验室以满足他的科研需要，同时我也受邀到这里工作。这样的机会自然要好好把握，于是我们就去了日内瓦大学参观，并受到了非常热烈的欢迎。

要下定决心去日内瓦大学是件重大的事情。日内瓦大学待遇优厚，环境一流，宛如田园生活般宁谧。比埃尔虽然内心向往，但为了镭的研究，他最终还是放弃了。他总是担心，环境的改变会让镭的研究停止。

就在此时，巴黎大学P.C.N.①课程的物理课缺少一位教师，比埃尔就提出了申请，因为不想让比埃尔离开巴黎的亨利·普安卡雷的大力帮助，比埃尔成功得到了这一职位。与此同时，我也被塞弗尔女子高等师范学校聘请去那里教授物理。

因此，我们得以留在巴黎，收入也增加了。但我们的科研工作却因此受到了不小的影响。比埃尔有两项教学任务，且P.C.N.的课都是大课，学生多，备课很耗时间和精力。而我也得分出许多时间去准备塞弗尔女子高等师范学校的课程，同时还得带领学生做实验，因为我觉得她们的实际操作能力很差。

比埃尔在巴黎大学的新职务并没有给他准备适宜的实验室，留给他的只有一间窄小的办公室和一间供他授课的大教室。这间教室位于居维埃街12号，巴黎大学的一幢附属建筑物里。但比埃尔需要独自研究，而且他在巴黎大学做教师，必然要挑选部分学生，指导他们进行研究，因为那时放射性的研究获得了极大的进展，这样做也是不得已而为之。于是他开始四处奔走，希望能寻到大型的实验场地。凡是有过这类申请经历的人都十分了解其中的困难，例如行政审批、财政困难等，为达目的，必须反复写信，到处奔走去祈求别人的帮助，着实让人烦躁，而比埃尔偏偏是最受不得这些的。所以他被搅得心烦意乱，气馁不已。另外，他还不得不在P.C.N.课堂和我们常年使用的物理和化学学校的小棚子间来回往复，更是让他身心俱疲。

此外，我们的研究工作此时必须要用工业手段来处理原材

①P.C.N.："物理、化学和博物学"的缩写。

料，否则便无法取得有效进展。因为有了相对应的策略和志愿者的帮助，我们总算顺利将这一问题解决了。

在1899年，比埃尔就曾成功进行了第一次工业处理实验，用的是化学品研究中心提供的临时装置，他与这家化学品研究中心曾在制作精密天平时有过往来。对于用工业方法提炼镭的实验，德比埃纳曾在技术上做过深入细致的研究，因而在正式实验时，效果非常好。自然，想做这种实验必须培训一批专业人士，因为这种实验在进行过程中必须十分认真和细致。

受到我们的研究工作的启发，国外也开始了类似的实验，对此比埃尔向来都是公然无私、大度慷慨的。他询问了我的意见，我们决定不利用我们的研究结果获取任何利益，因而我们没有申请任何一项专利，且毫无保留地公开了我们的全部研究成果和提炼镭的方法。此外，我们还向所有对此有意趣的人提供了他们想要的所有资料。也正是因为我们的这一举动，镭工业先是在法国，随后是在国外，以极快的速度发展起来，为科学家和医生提供了他们所需的产品。直到今天，这一工业仍在沿用我们所使用的方法。（在我最近赴美访问的过程中，美国妇女界送了我1克镭。布法洛自然科学协会还送了我一本会刊，以做纪念。会刊里记录了美国镭工业的发展过程，还刊印了比埃尔答美国工程师们的一封信的影印件。比埃尔在信里对他们提出的问题都做了详尽的回答。这应是1902年到1903年间的事。——作者注）

虽然我们用工业手段处理原材料的方法取得的效果不错，但碍于我们能力有限，很难继续。当时有位叫作阿尔梅·德·里斯勒的法国企业家对此非常有兴趣，1904年，他想要建立一所大型制镭工厂，向医生提供这种产品，因为当时已有不少文章在报道镭在医疗上的用途，医生们对此非常感兴趣。他的想法在当时可以说是十分前卫，因为他雇佣了一些曾在我们这里受过训练的人——特别是奥德潘和达纳，他们都能胜任这种细微精确的工作，所以这一计划进行得很顺利。自此，

> 能将这样辛苦求得的成果无偿地与世界分享，才是真正的无私。

镭便开始正式在市场上销售，但它的价格着实昂贵，因为它的制作工艺复杂，而原材料的价格又被人为抬高。（每毫克镭元素价值750法郎左右——作者注）在此我要向阿尔梅·德·里斯勒表示感谢，正是他为我们提供了帮助，不仅把工厂的一块地方分给我们使用，还捐助了不少的钱款让我们进行研究。还有一些资金是我们自己筹借或外界捐助的，最多的一笔是1902年科学院所赠，有2万法郎。

如此，我们就把以前储存的铀沥青矿慢慢地拿来提炼镭，以供我们研究之用。从原矿石里提取含镭的钡盐这一过程是在工厂里进行的，我就负责在实验室里的精炼和结晶工作。1902年，我提炼出了0.1克的纯氯化镭，并因此获得了镭元素的光谱，我也初次测出了镭元素的原子量，它的值要远远高于钡的原子量。自此，镭便作为一种新元素被确定下来，再没有人能对此提出异议。

> 这也意味着居里夫妇多年艰辛终于获得成功，得到认证。

1903年，我完成了自己的博士论文。

此后，我们为实验室提炼镭的数量大大增加了。1907年，我对镭的原子量做了第二次测定，这一次的数值更加精准，测量的结果是225.35，现在一般采用的原子量是226。我还和德比埃纳一起提炼出了纯金属镭。我提炼出的镭总共有1克多，经比埃尔的同意，全都放在实验室里供研究之用。

纯净镭的放射能力要高于我们最初的预期。在同等重量下，纯净镭的放射能力比铀的放射能力大100万倍。据此可知，铀沥青矿石中含有的镭和铀的比例大约是三分克比一吨。此两种物质之间联系紧密，总是在矿石中一同出现。现在，我们已经知道了矿石中的镭是由铀衰变而来的。

比埃尔在P.C.N.执教的那几年，是他最艰难的岁月。他要面对数不清的烦心事，每天忙忙碌碌，而他又是一个只有将精力全部投注在一件事务上才会感到快乐的人。因为要教授的课程太多，消耗了太多精力，所以他常感到全身疼痛，难以忍受。

对他而言，当务之急就是削减教学任务，节约体力，以保障自己身体健康。因而，当巴黎大学矿物学讲座的教授位置空缺时，他便决定申请这个职位。按说他是完全有能力胜任此职的，因为他在这一领域不仅有着极深的造诣，还发表过有关晶体物理的重要文章，但最终他未能获此职位。

在如此艰辛的日子里，他居然还能以超乎常人的努力完成并取得了好几项研究成果，有些是他独自一人做的，有些是他和别人合作完成的。主要有：与德比埃纳或达纳合作的感应放射性研究；镭射线与X射线在电解质液体中引起的导电性研究；镭射气的衰减律以及镭射气与其沉淀物放射性常数的研究；与拉波德合作的镭释放热量的发现；与达纳合作的镭射气在空气中漫射的研究；与拉波德合作的温泉产生的气体的放射性研究；与亨利·贝克莱尔合作的镭射线的生理影响的研究；与布萨尔和巴尔塔扎尔合作的镭射气的生理效应的研究；与什纳沃合作的决定磁性常数的仪器简介。

以上几种对放射性的研究都只是基础研究，覆盖的面非常宽。其中几项是关于镭射气的研究。这种气体是镭产生的一种奇特气体，镭所具有的极强的放射性大多数是由它而产生的。比埃尔经过深入探究，发现这种镭射气能够自动衰变，而后消亡，而且它的衰变过程有着自己独特的不受外界任何影响的规律。现在，镭射气大都是以细小的玻璃瓶收集的，医生们用它来治病。从技术层面看，它比直接用镭治疗要方便得多。但是每当医生想要使用镭射气时，必须翻阅数学表图，知道镭射气每日的衰减数量。镭射气虽然是被封在玻璃瓶里的，但仍然会衰减，像是一些泉水能够治病就是里面含有少量镭射气的缘故。

在比埃尔的众多研究中，最让人震惊的要数发现镭能产生热量。一般情况下，镭的表面没有任何变化，但它每小时所产生的热量完全可以使和它自身重量相等的冰块融化。若保持这些热量不被消散，镭就可以发热，最高温度可达10℃，远比它周围空气的温度要高。这种现象和当时的科研数据是完全不同的。

最后，我必须要提到的是关于镭的生理效用的实验研究，因为它具有显著的消肿作用。

为了证实吉塞尔刚发布的这项科研结果，比埃尔将自己的胳膊在镭的照射下放了几个小时。结果他的皮肤受到了像是灼伤一样的伤害，而且还不断地向四面扩散，直到几个月后才恢复如初。亨利·贝克莱尔有一次把装着镭盐的玻璃管放在西服马甲的口袋里，也曾意外被灼伤过。他又气又喜地来告诉我们："我爱极了它，但我也恨死了它。"

在知道了镭的生理效应如此强烈后，比埃尔便开始和医生们合作，用动物进行实验。这些研究就是镭疗方式的起点。最初实验所用的镭都是由比埃尔提供的，目的是治疗狼疮和其他类型的皮肤病。此后，医学领域的重要分支——镭疗法（一般称作"居里疗法"）——便在法国产生了，后经一些法国医生（丹洛斯、威克汉姆、多光尼西、德格莱等）的深入研究，这一疗法有了更长足的发展。（这些著名的医生都得到过企业家阿尔梅·德·里斯勒的大力相助，他为这些医生捐赠了实验研究中不可或缺的镭。除此之外，在1906年，他还创办了一所临床医学实验室，存有必需的镭，而且他还出资办了一家叫作《镭》的专业杂志，旨在研究放射学和它的临床应用。这本杂志由达纳担任主编。像这种企业家自愿支持科学的例子即便在现在也不多见，我只希望这种支持越来越多，如此，企业家和科学家们就可以在合作中一同受益。——作者注）

同一时间，其他国家也在积极进行放射学研究，不断有新的发现被公布，还有许多科学家在依照我们的新化学分析法积极找寻其他的放射性元素。很快，人们就发现了此后医学上常用的由大规模工业制造的新钍、放射性钍、锕等放射性物质。如今我们已经了解了三十多种放射性元素，里面有三种是射气。镭始终在这些元素中牢牢占据着主要地位，因为它的放射

为了证明研究结果，不惜以牺牲自身为代价，这便是科研者们的伟大之处。

性极强，而衰减蜕变在几年里却相对缓慢。

在放射学的发展史中，1903年是极其重要的一年。这一年，在法国，镭的研究刚结束，比埃尔就又发现了一种令人震惊的新现象：这种新元素能散发热量，而它自身表面却没有任何损伤。在英国，拉姆塞和索迪也宣告了一个惊人的发现：他们发现镭可以不断地产生氦气，从这一点就能说明原子是可以变化的。若我们能将镭盐加热至其熔点后将其存于密封的真空玻璃管中，再次加热，让它释放出少许的氦气，就可以使用光谱仪来确定氦气的存在。这一实验重复了很多次，最终完全证实了镭能放出氦气的推论。这是原子可以变化的最好证明。我们虽然不能控制这一变化，但却将原子不能改变的理论彻底推翻了。

综合这一情况和我们之前的发现，吕特福和索迪概括总结了一种放射蜕变的理论，现在已经被大家所接受。按照这一理论，任何一种放射性元素，即便它的表面没有任何改变，它的内部也在进行着蜕变，蜕变的过程越快，放射性就越强。［有关放射性和原子变化以及其他的一些假设早在被吕特福和索迪证实之前，我和比埃尔就已经预料到了（详见《科学杂志》，1900年，居里夫人）。——作者注］

放射性原子的蜕变有两种方法：一是原子自身发射出一个速度极快且携带正电的粒子，即 α 射线；二是原子本身发射出而今我们已然在现代物理学中所熟识的电子，即 β 射线。电子在速度平缓时，它的质量是原子量的1/1800，而当它的速度临近光速时，它的质量会大大增加。任何一种放射性原子，不管它用哪一种方法蜕变，余下的原子就和原本的原子不同了。余下的原子仍会持续蜕变，直到其不再有任何放射性，变成稳定的原子为止。此时的稳定原子就是非放射性元素。

据此可知，α 射线和 β 射线都是由原子分裂得来的。γ 射线则不同，它是原子蜕变时产生的辐射，和光差不多。这些射线的穿透性能很强，近年来常被用作医疗手段。（吕特福近期

使用 α 射线的内部能量将某些原子打碎，比如氮原子。——作者注）

　　放射性元素分为几族，每族中的元素都是从它前面的一个元素蜕变得来的，每一族中的初始元素是铀和钍。我们能够证明，镭是由铀产生的，钋是由镭产生的。既然已经确定每一个放射性元素都是由它的母体而生的，又自主蜕变产生其他的放射性元素，那这些元素和其母体共存时，其数量必然不会超过一定比例。因而，在原始矿石中，镭和铀的数量就有着固定的比例。

　　放射性元素的蜕变都是依照一个叫作"指数定律"的规律进行的。按照这一定律，每一放射性元素减小到它自身重量的一半时所需要的时间被叫作"半衰期"，每一个放射性元素的半衰期是固定不变的。得知了半衰期，就能知道这一元素是哪种元素，准确无疑。每个元素的半衰期不同，判定的方法也不同。例如铀的半衰期是几十亿年，镭的半衰期约是1600年，而它射气的周期还不到4天，从镭射气直接蜕变来的元素里，有的半衰期甚至不及1秒钟。这一"指数定律"有着意义深远的影响，它证明了蜕变是依照概率规律发生的。导致蜕变的原因至今仍是个谜，我们仍不知道是原子外的突发情况所致还是内部的不稳定性使然。总而言之，时至今日，无论何种的外在干预都不能对这种变化产生任何有效的影响。

　　这些不断发展着的科研成果正将从前我们所熟悉的物理学和化学遵循的种种科学观念颠覆。初时还有人质疑这些发现，但随后大多数科学家热切地认可了它们的可信度。同一时间，比埃尔在国内外已名声大噪。早在1901年，法国科学院就曾授予了他拉卡兹奖。1902年，此前曾予以他极大帮助的马斯卡尔鼓励他申请成为法国科学院的院士。对此比埃尔有些为难，因为他觉得院士的评选不应该由本人到处奔走，——拜访在巴黎的院士们。但在马斯卡尔的再三规劝下，再加上科学院物理所全体同仁的一致推举，他便提出了申请。然而他当时并未成功，一直等到1905年，他才成为院士，但时间还不到一年，他就遭遇车祸，不幸去世了。

1903年，比埃尔和我受英国皇家学会的邀请，共同前去英国伦敦做有关镭的报告。让比埃尔高兴的是，他在伦敦见到了开尔文爵士，开尔文爵士始终对比埃尔怀有深厚的情感，虽说那时他已经年迈，但仍对科学研究抱有极大的热情。他经常扬扬得意地把比埃尔送他的装着镭盐的玻璃瓶展示给别人。此外，我们还见到了其他一些著名的科学家，他们有：克鲁克斯、拉姆塞、德瓦等。比埃尔曾与德瓦合作，发表了有关镭在低温下放出的热量和镭盐产生的氮气的科研报告。

数月后，比埃尔和我获得了伦敦皇家学会授予的戴维奖章。与此同时，我们又和贝克莱尔一同荣获了1903年度的诺贝尔物理学奖。因为自身的身体状况欠佳，我们未能出席同年12月在斯德哥尔摩的颁奖仪式，直至1905年6月，我们才去瑞典首都领取此奖，比埃尔还在颁奖礼上发表了讲话。我们在瑞典受到了热烈的欢迎，并欣赏了瑞典风光旖旎的夏季美景。

能得到诺贝尔奖对于我们来说是件很了不得的大事，这个新成立的诺贝尔基金会①具有极高的威望。在金额方面，即便是一半的奖金，数额也是极大的。此后，比埃尔在物理和化学学校里的教师职务就由保尔·朗之万接替了。朗之万是比埃尔的学生，是一位才华横溢的物理学家。[保尔·朗之万曾写过两篇有关比埃尔生活和事业的文章，其中一篇刊登在《物理和化学学校校友联谊会年鉴》上（1904年），另一篇刊登在《当月》杂志上（1906年）。——作者注]另外，比埃尔还招了一位教辅人员，帮他进行科研实验。

可惜，这样美好的事情却因为媒体的过度宣传使我们倍感压力，因为我们对此既不适应也没有心理预期。每日来访

---

① 诺贝尔基金会：成立于1900年6月29日，是为诺贝尔遗嘱专门建立的私人机构，专门管理诺贝尔遗产及诺贝尔奖金的颁发。

者络绎不绝，无数的信件寄来，有约稿的，也有邀请我们做报告的，简直是应接不暇，既浪费了宝贵的时间，又搞得疲惫不堪。然而比埃尔又是个极和善的人，无法果断地拒绝别人，他心里也明白，这不是长久之计，长此以往不但损害他的身体健康，就连他清醒的头脑、清晰的思路也会变得一团糟了。他曾在写给纪尧姆的一封信中这样说过："他们不断地要我写文章、做报告，如果时间就这样一年年过去，那么就连请我写文章、做报告的人也会诧异我居然会这样妄度年华，一事无成。"

> 这正是比埃尔的聪慧之处，他的目光不只放在当下，而是在更远的未来。

同期，他写给古伊的信里也在抱怨此事。古伊将这些信件转赠于我，为此，我应当向古伊表示感谢：

如您所知，幸运之神眷顾了我们，但这份幸福也给我们带来了无穷的困扰。我还从未有一刻像现在这样难求安宁。这些天里，我们根本毫无喘息之机，而我们又都是幻想着远离城市喧嚣，去野外生活的人。

1902年3月20日

我亲爱的朋友，很早前就想要给您写信了。请原谅我这样慢吞吞的。但您如果了解此时我过的是怎样愚妄无稽的生活，就不会责备我了。您也知道，如今镭是热议的话题。它让我们瞬息间扬名天下，好运不绝，世界各地的记者和摄影师随时跟着我们，甚至连我女儿跟保姆的对话都成了他们报道的话题，就连我们家黑白色的花猫也成了新闻名人。除此之外，还有人请我们捐款。要签名的、趋炎附势的、上流社会的，甚至连一些科学家都会找上门来，搅得我们在洛蒙街的家都不像是一个家了。

不止如此，就连在实验室里我也无法全心工作。每日晚间还要回复无数信件，真让我焦头烂额，整日浑浑噩噩。若经过这样一通折腾，能让我得到一个大学教师的职位和一间实验室，倒也可以忍受。可实际上，求职之事仍在筹划之中，至于实验室也始终没有着落。我倒是很想有间实验室，但里亚德院长却认为应该趁此机会开设一门新课程，且不要列出明确的教学大纲，这和法兰西学院的一门课程有些相似。但如此一来，我年年都得编写教材，这无疑给我增添了许多麻烦。

1904年1月22日

　　我必须放弃瑞典之行了。您也了解，我们已经完全违反了瑞典科学院的规定。事实上，我的身体状况太遭了，稍微劳累一点都觉得受不了。我妻子的状况也很不好，而今的我完全不敢回想从前那些为工作忙碌的日子。

　　提到工作，现在的我什么都没干。每天就是上课，指导学生，安装仪器，应对那些前来拜访而又没有紧要事情的人，害得我虚度光阴，一事无成。

1905年1月31日

我亲爱的朋友：

　　很遗憾今年您不能来到我家，唯盼10月能与您相见。一个人若不能时常和好友相聚，那么就意味着将要失去他了，就只能转而去见那些无关紧要的人，只因为他们更容易见到。

　　我仍然在为没有任何意义的事情忙碌。我已有一年多没有进行科学研究了，可我也没有一丁点的时间是属于自己的。显然，我仍未找到杜绝将时间变得零碎无趣的方法，但我必须找到它。因为这可是事关生死的重要问题。

1905年7月24日

　　明天我就将正式开始教授我的课程，但实验室还没完全准备好，这让我心里有些不舒服。我上课的地方在巴黎大学里，而实验室却在居维埃街。此外，其他几门课程也在同一间课堂里，时间是一个上午，我可以在这间教室里认真备课。

　　我虽不至卧床不起，但身体状况很不乐观，总觉得浑身酸软无力，无法进行实验研究。我的妻子倒是精力充沛，除却照顾两个女儿外，她还要去塞弗尔女子高等师范去教课，去实验室里做实验，真是忙碌极了。她每天的大部分时间都在实验室里指导实验或自己做实验，比我厉害多了。

1905年11月7日

总的来说，虽然有这些让人烦躁的外界干扰，但经过我们的努力，生活也依旧和往常一样朴实简单，远离喧嚣。1904年年末，我们又添了一个孩子，二女儿艾娃·德尼斯在我们克勒尔曼大街的房子里出生了。比埃尔的父亲一直和我们住在一起，来往的朋友也不是很多。

大女儿渐渐长大，俨然是她父亲的小伙伴了。比埃尔也很重视对她的教育，每每闲下来时都要带她一同去散步，特别是假期时间。他总是认认真真地和她聊天，回答她的问题，并为她越来越聪明的小脑袋而感到开心。

比埃尔此时在国外已经是声誉斐然，法国本土人民对他的认可和尊敬虽来得晚了一些，但总算是来了。45岁时，他已然牢据法国科学家的榜首，但在教学岗位上，他仍旧处在很低的地位。这一巨大的反差引得外界一片哗然。正因为这股舆论势力的干预，巴黎科学院院长里亚德提议在巴黎大学建立一个新的职位。1904年至1905年里，比埃尔当上了巴黎大学理学院的正教授。1年后，他离开了物理和化学学校，保尔·朗之万接替了他的职位。

在巴黎大学授课着实困难重重。最初的计划是只设讲座而不设实验室。比埃尔认为接受这一职位就会失去他现在正使用着的实验室，而巴黎大学也不会给他新的实验室，这一点是他不能接受的。因而他便写信给上级，坚持不接受新职务，依旧留在P.C.N.教师职位上，最终因为他坚定的态度，他获得了成功。巴黎大学不仅给了他职位，还特别拨了笔经费，用来建造新实验室和招聘工作人员。实验室的人员编制是主任一名、助教一名、杂役一名。我担任实验室主任一职，比埃尔对此也非常满意。

在物理和化学学校的日子虽然艰辛，但在那一起做实验的日子里我们是快乐和幸福的。如今就要离开，心中难免有依依不舍之感。尤其是那间被当作实验室的破旧木棚，最是让我们难以割舍。此后的几年间，这间木棚日益破败，但我们仍会时常前去看望它。直到后来，为了建立物理和化学学校的新校舍，人们就把它拆掉了，幸运的是我曾给它拍过几张照片做纪念。就在它被拆的当天，忠心的佩蒂告诉了我。唉！我孤身一人前去凭吊它。黑板上，曾主宰这里的灵魂人物的笔记还印在那里，斑斑驳驳，到处都是他的痕迹，怎奈转眼人去棚空，生死茫茫，泪落千行。

倥偬岁月，恍若黄粱美梦一场，我多想再看到那颀长的身影，多想再听到那熟悉的声音。

虽然大学委员会同意创办新的讲座，却并没有准备同时建立一个实验室，可实验室却是深入研究放射性这一新科学发现所必需的。比埃尔依旧保留着 P.C.N. 的那间实验室，同时还借用了学校里一个单独的大教室，并在院子里盖了一间两室的小屋和一个工作间。

每每想到这是法国对比埃尔最后的关心，都不免让人唏嘘。一个20岁便崭露头角的一流科学家却始终没有一间供他实验研究的设施一流的实验室，这简直是不可思议。<u>当然，若他能继续活着，早晚会有自己中意的实验场地，可他就这样猝然而逝，48岁的他依旧未能达成所愿，这难道不让人悲痛吗？一个为了科学事业献出一切的科学家，却因为条件所限不能尽情施展自己的科学抱负，这难道不是他终生的遗憾吗？</u>国家的宝贵财富——它卓越的孩子的才能、坚持和勇敢——这样白白地浪费掉了，真是让人痛彻心扉！

比埃尔一直都梦想着有一间设备齐全的实验室。1903年，他声名鹊起之时，他的领导曾迫于压力要他接受荣誉骑士团勋章，但他坚守原则，拒不接受，就像上次写信给物理和化学学校校长婉拒教育棕榈奖章一样，他再次写信拒绝了荣誉骑士团

> 连续两个反问句的使用，是居里夫人发自内心对于无情现实的拷问，读来只觉悲感万分。

勋章，对于这些争名逐利的事情，他的态度始终未变。在此，我引述他信中的一段：

请代我向部长先生表达诚挚的谢意，并麻烦转告部长先生，任何奖赏对我而言都是无用的，我只想要一个属于我的实验室，这才是我急需的。

在被聘为巴黎大学的教授后，比埃尔需要准备一门全新的课程。授课内容由他决定，范围不限，这就意味着他可以自由选择教材。利用这次难得的机会，他终于可以讲授自己喜爱的课题，他将教材内容确定为对称性定律、矢量和张量场研究，并将这些概念应用到晶体物理学中。他想要完备自己的授课内容，使这门课程能成为晶体物理学一个完整的课程，因为当时在法国这一课题还无人涉及，所以才更加重要。此外，他还教授放射性，以及在此领域的新发现和这些发现的革命性意义。

比埃尔每日都要为课程做大量准备，再加上他身体状况也不是很好，但他依旧坚持在实验室里工作。实验室的运转情况在日益好转。因为实验室的面积有所增加，他就多挑选了几个学生一同研究。他和拉波德一起，探究矿泉水和泉水中释放气体的放射性，并为此发表了报告，这是他人生中的最后一份报告。

当时，他的个人才能已经达到了巅峰。我们惊叹于他对物理学理论的见解之独到，以及他的推演过程之明晰，对基本原理理解之透彻。他天生对大自然就有敏锐透彻的观察理解能力，加之他一生都沉醉在科学研究中，导致他始终有着不同一般的见解。他就像个艺术家一样看着他试制的精密仪器，废寝忘食，珍爱有加。我常常取笑于他，笑他半年不造出一个新仪器就心里发痒。他生性好奇，想象力极强，这就使得他能同时涉足多个领域，改变研究课题也能得心应手，别人很难做到这一点。

在发表研究报告时，他异常真诚、严苛、一丝不苟。他力求研究报告完美，他用审视的目光反复修改，咬文嚼字，对于表达不清的地方，定要改到无可挑剔才好。以下是他对这一点的看法：

在对某些未知现象进行研究时，我们可以先做一般性的推论，然后再依据实验结果缓慢推进。这个稳步前进、循规蹈矩的方法自然进展缓慢。反之，我们也可先做出一些大胆的假设，确认现象的机理。这一方法的好处在于可以进行设想实验，尤其是在理论的推演上，让它可以通过具体的图像表现出来。相反，若是想从实验结果中发现某个复杂的理论，那便是难以想象的了。精确的假设里必然有着部分真理和部分错误的存在。即使这部分真理确实存在，也不过是一般性见解的一部分，总有一日还得重新回来研究它。

尽管比埃尔会坚定不移地提出某些假设，但在这一假设被证实前他是绝对不会提早发布的。他讨厌仓促地发布研究成果，喜欢和极少数的几位相关人员心平气和地研讨之后再做决议。就在放射性研究处于关键时刻时，他却想暂时搁置此项研究，重拾此前他中断了的晶体物理学研究。此外，他还想研究一些不同的理论问题。

比埃尔授课时务求一丝不苟、精益求精，他觉得不论是对课程的基本要求还是对授课的方式方法，都该以和实验、自然的亲密接触为基准。在学院教授委员会建立之初，他就想让单位的同事们接受他这一观点，并为此发表声明："男子中学和女子中学的主要课程应该是科学教育。"但他又这样说过："这一提议是绝对不会被接受的。"

在这段时间里，比埃尔可谓是硕果累累，只可惜他的人生即将落下帷幕。就在他盼望着此后的工作生活可以不似以前那样艰难时，他辉煌灿烂的科学之路却就此止步了。

1906年，比埃尔因为过劳而身体抱恙，于是我们俩带着孩子们一起去了什弗勒兹山谷度复活节的假。那是极美好融洽的两天，天朗气清，和亲人们在一起惬意地休息，他心情舒缓、愉悦。他带着女儿们在草坪上嬉戏，和我讨论着当下和未来。

返回巴黎，他又去参加了物理学会的会议和晚餐会。当时他就坐在亨利·普安卡雷身旁，和他探讨了许久的教学方法。就在我们漫步回家时，他仍在说着他理想中的文化教育，我对他的想法表示赞赏，他觉得很开心。

第二天，即1906年4月19日，他参加了巴黎大学理学院的教授委员会会议，他诚挚地和教授们探讨了委员会的方针政策。会议结束，他徒步穿过多菲纳街时，一辆从新桥方向开来的运货马车将他撞倒在地，车轮轧过他的头，头骨碎裂，比埃尔当场死亡。那样非凡卓绝的人就这样随风而逝，人们寄托在他身上的科学之梦也随之破碎。在他的书房里，他亲手从乡间采回的水毛茛仍是那样鲜艳夺目，但它的主人却再也不会回来了。

阅读笔记

> 鲜花仍在，斯人已逝，强烈的对比让人心中更觉悲痛。

名师伴你读

▶品读与赏析

我们总说"天妒英才"，或许真是如此。比埃尔的一生虽说不上是命运多舛，但也不能用"顺风顺水"来形容。他年少成名，生命中的全部时间都献给了科学和教育事业。他低调、沉稳、不慕名利、不附权贵，始终依照自己的原则做人、做事。这样一个纯粹的科学家、严谨的教育工作者，终其一生也未能得到一间属于他的称心如意的实验室，让人悲痛，更让人怜惜。

在他的生活初见曙光之时，他的生命却停止了。书房里的水毛茛依旧夺目，他的人生却已成一片灰白。他遗留下来的科研成果和他的高尚人格将流芳百世，激励后来者，感染平凡人。

第七章　民族之悲，终成圣地的实验室

阅读笔记　　我不想在此赘述比埃尔的离去给我们留下了怎样不可磨灭的伤痛。在我这本粗陋的传记中，你们不难想象，对他的父兄和妻子而言，他是怎样的珍贵。他是个称职的父亲，他深爱着自己的女儿，愿意照看她们，和她们一同嬉戏、聊天，她们那时年纪尚小，根本不知道这一场巨大的悲剧带给我们什么样的苦痛。我和她们的祖父为了不给她们的童年留下难以消散的阴影，还得时刻强忍住心里的悲戚。

这一沉痛的消息让法国乃至全世界的科学界震惊不已。巴黎大学的校长、院长和教师们接连写信来表示深切的哀恸；国外科学家的唁电信函也不断传来。我只从中选取了三位已经离世的伟大科学家的信件内容：

夫人：

我迫切地想要向您传达我此刻的哀痛。法国及其他各国和您一样失去了这样一位伟大的科学家。消息传来，我们全都相顾无言，无比惊异！这样一位为科学和人类做出了巨大牺牲和贡献的卓越人才，我们原本期待着他能有更多的成果，可瞬息之间，人迹杳杳，徒留我辈满腔遗恨！……

贝特洛

身在旅途，忽闻噩耗，恍恍然若痛失手足。往昔不觉与君情深，至今方知，晚矣。

望节哀，夫人。

里普曼

惊闻此事，悲不自禁。明日即返巴黎，赴贵府哀唁。

开尔文
于戛纳圣马尔丹别墅

比埃尔在公众场合虽沉默寡言，却仍然给人们留下了深刻印象，很有威望。从我收到的那些认识或不认识的人的信件中，就可以看出众人对他猝然离世的悲伤。同一时间，媒体也发布了大量文章，传达深深的遗憾和忧伤。法国政府也发来唁电。一些国家的元首也以个人名义来电致哀。一颗法国上空璀璨夺目的星星陨落了，全国上下一片悲声，哀叹国家的这一重大损失。

我们依照着比埃尔向来的处事原则，丧事一切从简。他的遗体被安葬在苏城小墓园的家族墓穴里。没有官方仪式，没有悼词，仅有几位友人陪他前往。他的哥哥雅克念起早逝的弟弟时，曾这样对我说："他拥有的天赋才能，再无人能匹敌。"

为确保比埃尔未完成的事业能一直继续，巴黎大学理学院让我接替他的职位。我十分荣幸地接替了他留下来的这副重担，并期盼着有朝一日能建立一个他日夜渴盼的实验室，让后来者能利用这个实验室实现他的愿望，权作对他的深深缅怀。而今这一愿望已实现大半，幸而得到了巴黎大学和巴斯德研究所的帮助，镭研所才得以建立，镭研所内部设有两个研究室——居里研究实验室和巴斯德研究实验室，用来研究镭射线的物理化学特征和生物效用。为了纪念逝去的比埃尔，去往镭研所的那条街改名为比埃尔·居里街。

但这个镭研所仍然无法满足需求，因为放射学和它在医学上的应用在飞速地发展着。而今，法国最具权威的人也开始认为法国必须有一个能与英、美比肩的镭研所，从而让镭能更好地应用于医学治疗，因为此时镭疗法已然是公认的治癌最好的方法。唯愿在开明之士的资助下，不久的将来能建立一个设施完全、规模庞大、无愧于国家的镭研所。（现在法国在这方面已然取得飞速发展，建立了一个医学治疗所，由雷戈医生领导。此外，一个专业组织——居里基金会也在1921年成立，方便把镭研所募集的钱款汇集。居里基金会的首笔款项是亨利·德·罗希尔德医生所捐。——作者注）

为纪念比埃尔·居里，法国物理学会决定出版他的论文集。这部全集是由朗之万主编的，一卷本，600页左右，在1908年出版，我为它写了一篇序言。这部单卷本论文集题材多样，内容丰富，充分体现了比埃尔的思想精华。从中我们能看到作者眼界之开阔，实验之精密，结果之清晰和准确，完美无瑕，堪称典范，只可惜他未能将自己的全部才能展现其中。他不曾使用自己所拥有的科学家和作家的才情编纂属于他的论文集和书籍，并非他不想这样做，他曾对此有过非常多的计划，只是都不曾付诸实践，因为他的一生忙忙碌碌，坎坷重重，他必须奋起抗争，根本无暇顾及其他。

好了，就让我们从整体上来看看我写的这本传记吧。我是在努力缅怀一个执着追求梦想的人，他的存在让全人类都感到自豪，他始终沉默着，用自己伟大而纯粹的性格和天赋为人类谋求幸福。他具有那些独具匠心、开创未来的人所拥有的坚定信念，他知道自己有一个高尚的使命需要完成。少年时的隐秘理想一直在鞭策着他，让他不墨守成规，让他如此坚定地走上了一条被他自己称作反自然的道路。虽然这意味着他要就此放弃安逸的生活，但他仍是毅然决然地使自己的思想和欲望顺从于梦想，并逐渐适应了这一状况，从必然过渡到了自然。他的一生只相信科学与理性平和的能力，所以终其一生他都在追寻真理的道路上。在探究自然科学以及读懂自己和他人的过程中，他没有偏见，也不固执。他没有名利钱权的欲念，远离了荣誉和光辉，因而他没有敌人。他极其律己，非凡的精神面貌让他成为了当代少见的非凡人物。他与那些非凡人物一样，能以自身的内心力量对别人产生深远的影响。

相信你们应该明白这样的生活需要付出多大的代价，科学家在实验室里的日子不似大多数人所想的那样如一首恬静的田园诗。它更像是一场艰苦卓绝、战胜内心欲念的长久斗争。任何一个震惊世界的发现都不是从科学家的脑子里凭空出现的，也不是像智慧女神密涅瓦从主神朱庇特的大脑里降生那样猛然现身的，它是科学家们日夜努力的结果。在结果确定之前，不知会经过多少个飘忽往复、徘徊犹豫的日夜！总觉得不会成功，好似自然界在与自己角力，让人不由得懊恼颓唐而又必须重振旗鼓，继续坚持。比埃尔从未有一刻失去信心，不急不躁，只是有些时候，他会这样对我说："我们的生活也真是够艰辛的。"

然而，这个社会给了那些才学傲人的科学家，那些为人类做出极大贡献的人怎样的回报呢？这些不懈追求个人梦想的人，他们有属于自己不可或缺的工作条件吗？他们的生活水平是否足够让他们安心研究？比埃尔·居里以及其他许许多多科学家的先例表明，他们真可谓是一无所有，而为了那一点聊胜于无的科研条件，他们常常是要蹉跎了自己的青春年华和精力去为生活里的琐事烦心。

如今这个人心浮躁、纸醉金迷的世界，根本不晓得科学的重要。它不知道科学是最宝贵的精神财富，它也不明白科学是缓解人类生活重负，减轻苦痛的所有前进的基石。政府和私人所捐钱款至今都没有给予科学所必需的支持和帮助，让科学家们能有效地进行研究。

在结束这篇传记时，我想在此引用巴斯德令人赞叹的呼吁：

若对人类有利的发明能撼动您的心，若您对于电报、摄影、麻醉等林林总总的发明感到震惊，若您因为那些先进的发明被其他国家抢占先机而深感嫉妒，那就请您对我们称之为实验室的这个神圣的地方多些关注吧，请您要求增加实验室的

前文压抑许久的情感在此爆发，连续三个问句全部直击人心，读来只觉感同身受，惋惜不已。

数量吧，完善里面的实验设备吧，它们是主宰未来的圣殿，是财富和快乐的圣殿。若想人类的发展日益扩大，人类的生活日益美好，就得依仗于它。人类在实验室得以深入了解大自然的伟大，先进的、和谐的杰作，而大自然的这种伟大又常常是残暴、狂热和毁灭性的"杰作"。

唯愿巴斯德此言能口口传诵，广为人知，从而使得那些为人类幸福耕耘的先行者在未来开拓"荒原"时能不像今天这样艰辛困顿。

名师伴你读

品读与赏析

在失去后才懂得珍惜，才懂得何为"追悔莫及"，是人类一贯的做法。再多的唁电、再多的追忆也挽不回一位伟大的科学家。"得不到"和"已失去"，才是世间最悲苦的事情。

作为一个一直不在乎外界荣辱、一心科研的科学家，或许比埃尔·居里最遗憾的便是从未有一间自己的实验室，就像是他的妻子——本文的作者——玛丽·居里在文中所问："这个社会给了那些为人类做出极大贡献的人怎样的回报呢？"从楼梯下一个人的简陋实验到风雨飘摇的破木棚、不完备的仪器设备、永远不够的研究经费……社会回馈给这位伟大科学家的只有这些。

倘若比埃尔的离开能给人以警醒，让人们了解到科学的重要，让人们相信真理存在的话，那么，奔劳一生的居里先生也会了无遗憾了吧。

第八章　缅怀比埃尔·居里的文章选录

我从纪念比埃尔·居里的文章中挑选了几位伟大科学家的文章片段，用来补充对我丈夫的记述。

亨利·普安卡雷

（在法国科学院的报告　1906年）

居里是法国乃至整个科学界都能引以为傲的那些人中的一位。他正值盛年，本可以获得更多的成就，他所拥有的成就，就足够说明此点。我们都明白，如果他还在世的话，是绝对不会让我们失望的。在他离世前那晚（原谅我讲起这些私人的回忆），我坐在他身边，听他与我讲起他的梦想和计划，我万分钦佩他思想的深度和广度，任何物理现象经过他精确独特的思考分析之后，都会显现出一种与众不同的新风貌。因而，我认为自己更加理解了人类智慧的伟大。可就在第二日，一切都在倏忽间烟消云散。这个无情的突发状况让我们知道，在这样狂暴残酷的世界面前伟大的思想所占有的空间多么狭小哇！这些暴虐的力量横行无忌，不知去往何处，而又将路上遇到的一切碾成齑粉。

他的朋友、同仁们都知道他们遭受的损失是多么巨大，但这种哀痛还不止限于国内。在国外，那些伟大的科学家也和我们一样感到愕然和伤悲，并向我们传达了他们对于比埃尔的崇敬。在国内，任何一位法国人，不管他知识多寡，都在感慨着自己的祖国和全人类失去了一个让其深感骄傲的儿子。

在物理学研究中，居里思维精细缜密，能够去其糟粕，留其精华，在那些繁复杂乱、极易使人误入歧途的谜团里寻找到正确的前进方向……

如居里一般的真正的科学家们，从不会根据主观做判断，也不会只停留于表面。他们善于从现象里窥探本质。

每一个认识他的人都能感受到与他交往之诚恳与舒畅，也就是说，他的魅力正是源自于他的温润谦恭，率真正直以及思维敏捷。面对他的朋友，甚至他的对手，他也总是避让三分，他就是人们口中所说的"悲哀的替代者"。但在所谓的民主政治中，根本不缺少争名逐利的替代者。

> 以此证明比埃尔精神世界之高尚，他摒弃了自身感官带来的短暂愉悦，而将目光放在了更长远的未来。

谁能知道在这样谦和恭谨的灵魂之下隐藏着一颗顽强不屈的心呢？他对于规范和原则丝毫不让，对于真挚的道德理想也绝不妥协。他的道德理想在我们生活的俗世里显得那样难以企及，但他从不明白我们因为这种软弱而带来的种种舒畅和安乐。但是他从没有将自己的理想和科学分离，他以自身为典范，向我们证明了高度的责任感可以来源于心中对于真理的质朴的爱。他是否信仰神明并不重要，因为创造奇迹的是信心而不是上帝。

杰尔内

（法兰西研究所）

"一切为了工作，一切为了科学"，这就是对比埃尔的一生的最好总结。他的一生是硕果累累、才学盖世的伟大一生，这也让他受到了众人的钦佩和崇敬。就在他的研究日渐完美，达到顶峰的时候，就在他准备奋发向前的时候，1906年4月19日，这一突然降临的恐怖灾难，让世界为之动容，让他的研究就此停止。那光辉的荣耀没有让他的头脑昏聩；他将永远成为这一时代的科学史上最伟大的人。他给和他同龄的人树立了一个百折不挠、无私奉献，一切以科学为先的光荣典范。一生像他这样纯粹而又让人崇敬的人着实少见。

让·佩兰

（《当月》杂志　1906年5月）

虽然大家都将比埃尔·居里称为大师，我却很开心能将他叫作朋友。而就在年轻力盛之时，他却如此猝然而逝。

……他是个真正的天才，他真挚、随性、沉静、果敢，没有什么能困住他的思维，也不能阻止他勇往直前，他展现在我们面前的是完美无缺的形象和典范。他拥有崇高的心、聪颖的天赋、高尚的品格、至高的无私精神，并将这些与至真至纯完美地结合在了一起。

所有认识比埃尔·居里的人都知道，和他在一起时，那种忙于工作、研究、探究一切的紧迫感会油然而生。我们愿将这种感觉大力宣扬，借以怀念他。此外，我们还将从他那张苍白却俊朗的面孔上探索那种让他身边的人感到力量大增的召唤力的原因。

C.什内沃

（物理和化学学校校友联谊会　1906年4月）

务必铭记居里对他的学生们的深厚情谊，才能知道我们失去了怎样难以弥补的巨大损失。

我们中的一些人对于他是毫无理由的崇拜。对我而言，除了家人，他是我最最喜爱的人，因为他明白该怎样用巨大的、无微不至的爱来关怀我这个卑微的助手。他对人和蔼可亲，助手们都对他十分尊崇。当时实验室里的学生们初闻噩耗，无不满面悲戚，涕泪横流。

保尔·朗之万

（《当月》杂志　1906年7月）

无时无刻地，我思念着他。想着此刻他该来了，该同我们讲起他正进行的科研项目了；想着与他工作的情形。他那善

阅读笔记 良、深思的面庞,明亮的双眸,宽大饱满的额头,那是25年间由不懈的实验、探索和朴实的生活所磨炼出来的。

他在实验室里工作的样子犹在眼前,18年前,我从一个胆小愚笨的新人开始,一直跟在他的身边学习研究。往事历历,容颜不改,他的身影仿佛就在身旁。

他的周围永远都是仪器,其中大部分是他自己制作或改造的,他动手实验的时候是那样娴熟,那属于物理学家的白净的双手灵动活跃,令人暗自羡慕。

我以学生的身份第一次走进他的实验室时,他也才29岁,但实验室里10年光阴的磨砺使他做事一丝不苟,游刃有余。那时即使我们资质愚钝,见识浅薄,但只要看到他掌控一切的坚定姿态和他那羞怯却坦荡的神情,我们就定下心来,不紧不慢,安安心心地跟着他一同做起来。我们在实验室里总觉得心情愉悦,干劲十足。就在那间摆满了古怪仪器的宽敞教室里,我们常聚在他的身边向他请教。偶尔,他也同意我们和他一道进行十分精密的操作。我学生生涯里最美好的记忆就是在实验室里的这段时光,我站在黑板前,听他亲切友好地和我们谈话,激发我们的想象力,引起我们对科学的热情和兴趣。他的探究精神极强而他又有非同一般的感染力。他知识渊博,也唤起了我们对科学的渴求。

我将这些文章汇集在这里,是希望以此作为一束鲜花献于他的墓前,向他传达我的敬仰,并让这样一位品德高尚、思想伟大的顶级天才的形象更加辉煌灿烂。

他是领悟真理的先驱者,挣脱了束缚,投身于理性和真知。他是我们的榜样,只要我们将追求理想作为目的,以自由和坚定的精神激励自己奋勇向前、追寻真理、务实求真,就能如他一般攀到至善至美的精神巅峰。

名师伴你读

▶ 品读与赏析

　　这是全书的最后一章，作者完全摒弃了自己的个人情感，引用别人的书信，以旁观者的视角展现出了更真实的比埃尔·居里。

　　我们可以看到，每个人，不论远近亲疏，都在赞扬他的睿智，他的博学，他的温柔谦和，他的孜孜不倦，他的锲而不舍。

　　每个人，每个平凡的人，都会有这样那样的缺点和不足，而比埃尔·居里，却是一个摒弃了世俗杂念，褪尽了荣誉光辉，纯粹的爱科学的人。一如文中所言："我万分钦佩他思想的深度和广度……"没错，他就是这样的天赋异禀，与众不同，他是真理展现给我们的典范，是自然创造的人的最本真的形态，我们无法复制他的思想，我们能做的只是模仿着他，一点点向着真理跋涉。

我的
读后感

读《居里夫人传》有感

居里夫人,一个感动了全世界的名字。她朴实的身影,被一代又一代的人们深深地铭记;她激人奋进的故事,也被人们一遍又一遍地传颂。

居里夫人出生时,她的祖国波兰正遭受沙俄铁蹄的践踏。知识分子的家庭背景,赋予了她良好的修养和强烈的民族责任感。当然,知识精英的聪慧和坚韧也都在她的身上得到了很好的体现。开明和蔼的双亲和5个孩子组成了一个其乐融融的大家庭。尽管沙俄施行严厉的殖民统治,但身为小妹的她,还是幸福地度过了短暂的童年时光,尽管后来大姐和妈妈先后离世了。

斯科洛多斯卡夫妇的教育方式很值得我们借鉴。他们从未对孩子进行过什么"启蒙",而是放开手脚,让他们自由玩耍,去尽情地拥抱大自然。居里夫人一生热爱自然、亲近自然,想必就是在孩提时代埋下的种子。父亲虽然是一名颇有才华的理科教师,却从未刻意引导过孩子的兴趣,他甚至不让孩子们过早地接触理科书籍,好让他们在上学后能够全面地涉猎知识,从而逐渐找到志趣所向。当然,他对于孩子们的学业还是非常关心,并且严格要求的。至于母亲,则一直都是严于律己,能够以身作则的好榜样。由此,我看到了家庭的意义所在,它不仅是一个供人成长的天堂,更是一个塑造人的殿堂。

　　后来，为了维持生计，年少的居里夫人饱尝了世态炎凉。17岁那年，她孤身一人背井离乡，去外地当家庭教师，一当就是六年。这六年生活，让她逐渐意识到了社会的复杂，人性的复杂。这六年的磨炼也教会了她如何面对挫折，使她在后来的实验中败而不馁，在经历了风风雨雨后见到了缤纷的彩虹。

　　而居里夫妇的结合更是两颗高尚心灵的碰撞。这碰撞迸发出耀眼的人性光辉。在生活上，他们几乎毫无要求。但这两名学者，对待科学研究却是异常严谨、锲而不舍、孜孜不倦的。在他们心中，科学是神圣的，是属于全人类的。"荣誉"和"财富"在他们面前显得那么微不足道。因此，他们无偿地将镭的提炼方法公之于世，并把世界上第一克纯镭捐献给了国家，捐献给了世界。

　　探求真理没有捷径可走，那必将是一条清贫而又寂寞的漫漫长路。若无足够的毅力，千万不要轻易涉足。最可怕的事莫过于知难而退、临阵脱逃，继而变成一个道貌岸然的伪学者。

　　不仅仅是对于科学而言，对于世上的所有事情，都是没有付出就没有收获。而在等待收获的这条漫漫长路上，最重要的就是坚持二字。许多人因为一点挫折就打退堂鼓，在失败了几次后，就拍拍衣服上的灰，摇摇头退回去了。殊不知，或许成功离你只有一步之遥，而你却不愿再走；或许成功就在你身旁，而你却不愿侧身寻找；或许成功就在你头上，而你却不愿再抬头望望。而这一切的可能性都在你转身放弃的那一刻灰飞烟灭了。

　　朋友，不要灰心，不要放弃，成功或许离你只有一步之遥。

读《居里夫人传》有感

当我拿到这本书，看到精美的封面时，我就对里面的内容十分憧憬，想象着里面的故事。那时，我对居里夫人还不大了解，只知道她是一位著名的女科学家。读完后，我才知道她对科学的贡献有多么大，就像燕子筑巢一般，每一丝泥土都含着自己的心血。

1896年，法兰西共和国物理学家贝克莱尔发现了铀元素及其化合物具有一种特殊的本领，它能自动地、连续地放出一种人的肉眼看不见的射线，这使居里夫妇产生了极大的兴趣。这些能量来自于什么地方？这种与众不同的射线的性质又是什么？居里夫人决心揭开它的秘密。他们辛勤地开垦了一片处女地，最终完成了近代科学史上最重要的发现——放射性元素镭，并奠定了现代放射化学的基础，为人类做出了伟大的贡献。居里夫妇对已知的化学元素和所有的化合物进行了全面的检查，发现一种由钍元素放出的射线。他们果断地在实验报告中宣布了自己的发现，并努力要通过实验证实它。经过一段时间的努力，他们分离出了钋。又几个月以后，他们发现了另一种新元素，并把它取名为镭。但是，居里夫妇并没有立即获得成功的喜悦。当拿到了一点点新元素的化合物时，他们发现原来所做的猜测太乐观了。事实上，矿石中镭的含量还不到百万分之一。

科学的道路从来就不是平坦的大道。居里夫妇必须从沥青矿石中分离出更多的、并且是纯净的镭盐。有志者事竟成！大自然的任何奥秘都会被那些向它顽强攻关的人揭开。终于在1902年，居里夫人提炼出了0.1克极纯净的氯化镭，并准确地测定了它的原子量。从此镭的存在得到了证实。镭的发现从根本上改变了物理学的基本原理，对于促进科学理论的发展和在实际中的应用，都有十分重要的意义。由于居里夫妇的惊人发现，1903年他们获得了诺贝尔物理学奖。

居里夫妇的科学研究成绩斐然，然而他们却极其藐视名利。他们把自己的一切都献给了科学事业，而不捞取任何个人私利。在镭提炼成功以后，有人劝他们向政府申请专利权，垄断镭的制造以此获得利益。居里夫妇对此却十分不屑。此外，在居里先生去世后，居里夫人把千辛万苦提炼出来的，价值高达100万法郎的镭，无偿地赠送给了研究治癌的实验室。

1911年，居里夫人又获得诺贝尔化学奖。一位女科学家，在不到10年的时间里，两次在两个不同的科学领域里获得科学界的最高奖，这在世界科学史上是独一无二的事情！

读完了这本书，我想：如果没有居里夫妇在科学领域的不懈努力，人类可能会晚几十年才发现镭元素，那些因战而伤的战士可能因为没有由镭提供的X光线医疗设备而丧失了宝贵的生命。居里夫妇坚持不懈、永不放弃的科学态度和探究精神，永远值得我们学习！可以说，居里夫妇是近代科学史上一对伟大的科学家，镭的发现和利用是人类生活中的一大奇迹。如果说科学是浩瀚无比的星空的话，那么科学家就是星空中璀璨的星星，在我的心里，居里夫妇无疑是其中最闪耀的！居里夫妇虽然离开了，但他们对科学的无私奉献，永远闪烁着耀眼的光芒！

真正的魅力

历史的天空是浩瀚而多彩的。无论是轻于鸿毛还是重于泰山，生命都在这里留下过往的印迹。当你抬头仰望之时，总是会有些璀璨的明星闪烁着熠熠光辉，在苍茫的天地间发出让人仰慕的魅力。

居里夫人正是这群星中的一颗，不仅因为她作为一名女性在科学上取得的非凡成就：发现放射性新元素镭，为现代原子物理学的产生奠定了基础，并两次获得诺贝尔奖，更是因为她所具有的崇高品德让她成为人类的楷模！

在读《居里夫人传》之前，我对她的了解仅仅停留在她非凡的成就上，并不了解她为什么能被后人极力传颂。读过之后，我明白居里夫人真正的魅力在于她崇高的人格，这也正是为什么伟大的物理学家爱因斯坦在对居里夫人的评价中，仅用29个字谈她在科学上的成就，而用数百字来表达对她品格力量的高度赞赏。

这正应了那句话：无论想成为何等有成就的人物，都要先学会做人。学会做人，这正是当前中学生最需要，却又常因种种原因被忽视的事情。当今很多人往往把学习成绩或智商看成青少年成长中最为重要的东西，对道德品质的培养丝毫不用心思。造成这种局面的原因是相当复杂的，也许靠一代人的力量也无法改变。但是作为一个对自己的人生负责的青少年来说，应该有意识地去克服种种困难来塑造自己优秀的人格。

想想自己的处境，与居里夫人简直可以说是有天壤之别。我们拥有的是怎样一个环境？国家处于和平时期，我们衣食富足，学习条件优越，大多数被家人视为掌上明珠。然而居里夫人的童年却是悲惨的，战争频仍，其9岁丧母，生活拮据，一边打工挣钱一边自学。再看看现在，不同环境出来的人却存在如此尴尬的反差：我们这些跨世纪的"天之骄子"往往傲慢、虚荣、浮华、意志力薄弱、自私，甚至堕落。然而居里夫人却从苦难的童年中获得了坚强、纯洁、无私、谦逊、忠于祖国这些美好的思想品质。思想决定行为，行为形成习惯，习惯养成性格，性格决定人生。

居里夫人一生的所有成就都是她伟大人格的必然结果。你也许会说历史是偶然与必然结合而成的，这没错，居里夫人发现镭是有一定的偶然因素，但她成为一名伟大的女性却是必然结果，因为内因起决定性作用。

我从《居里夫人传》中看到的不单单是居里夫妇那些人性的闪光点，更重要的是，我这个中学生还从中明白了道德品质才是决定一个人成败的关键因素！

所以，从现在开始我会努力丰富健全自己的人格。即使迷茫了我也不怕，因为只要抬头看看那熠熠星光，我便有了方向。

中考真题回放

❶（甘肃定西卷）

阅读下面的文字，回答问题。

我们必须吃、喝、睡、懒、爱，必须感受生活中甜蜜的事，却不能沉醉其中，在去做所有这一切必须要做的事情时，坚定地抵抗本能的思想要占据主导，并在我们可怜的脑袋中不受干扰地发展下去。必须将生活变成梦，再把梦变成现实。

以上是《居里夫人传》选段，你如何理解文中比埃尔·居里说的"必须将生活变成梦，再把梦变成现实"？请简要作答。

---

❷（云南云沧卷）

阅读理解。

居里夫人传（节选）

[法]玛丽·居里

少年时的隐秘理想一直在鞭策着他，让他不墨守成规，让他如此坚定地走上了一条被他自己称作反自然的道路。虽然这意味着他要就此放弃安逸的生活，但他仍是毅然决然地使自己的思想和欲望顺从于梦想，并逐渐适应了这一状况，从必然过渡到了自然。他的一生只相信科学与理性平和的能力，所以终其一生他都在追寻真理的道路上。在探究自然科学以及读懂自己和他人的过程中，他没有偏见，也不固执。他没有名利钱权的欲念，远离了荣誉和光辉，因而他没有敌人。他极其律己，非凡的精神面貌让他成为当代少见的非凡人物。他与那些非凡人物一样，能以自身的内心力量对别人产生深远的影响。

相信你们应该明白这样的生活需要付出多大的代价，科学家在实验室里的日子不似大多数人所想的那样如一首恬静的田园诗，它更像是一场艰苦卓绝、战胜内心欲念的长久斗争。任何一个震惊世界的发现都不是从科学家的脑子里凭空出现的，也不是像智慧女神密涅瓦从主神朱庇特的大脑里降生那样猛然现身的，它是科学家们日夜努力的结果。在结果确定之前，不知会经过多少个飘忽往复、徘徊犹豫的日夜！总觉得不会成功，好似自然界在与自己角力，让人不由得懊恼颓唐而又必须重振旗鼓，继续坚持。比埃尔从未有一刻失去信心，不急不躁，只是有些时候，他会这样对我说："我们的生活也真是够艰辛的。"

然而，这个社会给了那些才学傲人的科学家，那些为人类做出极大贡献的人怎样的回报呢？这些不懈追求个人梦想的人，他们有属于自己不可或缺的工作条件吗？他们的生活水平是否足够让他们安心研究？比埃尔·居里以及其他许许多多科学家的先例表明，他们真可谓是一无所有，而为了那一点聊胜于无的科研条件，他们常常是要蹉跎了自己的青春年华和精力去为生活里的琐事烦心。

（1）文中第二段所说的"这样的生活"，指的是什么样的生活？

_____

_____

（2）为什么说"科学家在实验室里的日子不似大多数人所想的那样如一首恬静的田园诗"？

_____

_____

（3）最后一段中连续三个问句表达了居里夫人什么样的情感？你是如何理解这种情感的？请结合全文简要谈谈。

_____

_____

❸（广西钦州卷）

走进名著

在下面的横线上填写相应内容，使句子组成排比句。

阅读名著常为书中的人物所感动：阅读《西游记》，常为孙悟空的_____所感动；阅读《水浒传》，常为梁山好汉们_____

所感动。阅读《钢铁是怎样炼成的》，常为保尔·柯察金_____
____所感动；阅读《居里夫人传》，常为居里夫妇_____
_____所感动。

阅读达标训练

❶ 下面关于名著内容的表述错误的一项是（　　）

A.《钢铁是怎样炼成的》主人公保尔敢于向命运挑战，自强不息，有崇高的革命理想、忘我的献身精神和乐观的生活态度。

B.《水浒传》成功地塑造了108位梁山好汉，分三十六天罡七十二地煞。其中第一个出场的是史进，绰号九纹龙。

C. 居里夫人给自己发现的新元素命名为镭，用以纪念她的祖国波兰。

D.《鲁滨孙漂流记》主人公鲁滨孙出海航行遭遇风暴，流落荒岛。他白手起家开发荒岛，使自己生存下来。

❷ 阅读下面的片段，回答问题。

所有认识比埃尔·居里的人都知道，和他一起时，那种忙于工作、研究、探究一切的紧迫感会油然而生。我们愿将这种感觉大力宣扬，借以怀念他。此外，我们还将从他那张苍白却俊朗的面孔上探索那种让他身边的人感到力量大增的召唤力的原因。

——让·佩兰，选自《居里夫人传》

让·佩兰缅怀比埃尔·居里的这段话，所提到的比埃尔身上的"那种让他身边的人感到力量大增的召唤力"指的是什么？

❸ 阅读下面的片段，并回答问题。

医生这一行业收入不多，但他（居里医生）却能始终秉持着大公无私、忠心耿耿的优良品质。1848年革命时期，还是个大学生的他就获得了共和国政府颁发给他的荣誉勋章，用以表彰他在救治伤员过程中勇猛卓越的行为。2月24日，他因公负伤，子弹击碎了他的部分颌骨。而后不久，在霍乱肆虐期间，他为救治患者，搬到了巴黎的一条医生全部离开的街区。巴黎公社时期，他把自己的公寓改建成了急救中心（位于维奇达雄街），附近设置了一个街垒，他就在那里抢救伤员。他的这种公民责任心和激进的信念让他失去了资产阶级顾客。就在此时，他收到保护低龄儿童服务中心巡回医生的任务，并欣然接受了，如此他便可以在巴黎郊区生活，那里的环境、空气对他和他家人的健康都比在城里好很多。

（摘自玛丽·居里《居里夫人传》）

（1）根据上下文，解释加下划线词语的意思。

_____

（2）居里医生为什么要在霍乱肆虐期间，搬到巴黎一条医生全部离开的街区？

_____

（3）你觉得居里医生是一个怎样的人？

_____

❹ 阅读《居里夫人传》片段后填空。

比埃尔·居里生于1859年5月15日。他的出生地是面对居维埃街的植物园。他的父母当时就住在那里。他的父亲当时在姆塞恩实验室工作。他是居里医生的二儿子，比哥哥雅克小3岁半。对于他在巴黎的童年生活，他印象不深。然而他却对我说起过巴黎公社、家附近的街垒战斗、父亲的急救中心以及和父亲一起抢运伤员的经历，这些他都记得清清楚楚。

比埃尔不记得自己的童年生活，却对自己和父亲一起运送伤员的事记得清楚，这是因为 _____

_____。

❺ 阅读下面片段，回答问题。

此后，因为孩子的降生，我们不能再出门远游，只好寻了固定的某处度过假期。我们生活得低调内敛，与周围偏僻村庄里的居民别无二致，没有人会认得我们是谁。还记得那天一个美国记者来普尔杜村找到我们时，就那样张口结舌地愣在那里。彼时，我正安坐在房门前的石阶之上，倒着鞋子里的沙土。好在他愣了一会儿，便也坐在我的身边，拿出笔记本记我针对他的问题所做的回答。

（1）文中划线词语还可以用＿＿＿＿＿＿＿＿＿（四字成语）代替。

（2）联系上下文，分析为什么美国记者看到居里夫人的时候会"张口结舌地愣在那里"。

＿＿＿＿＿＿＿＿＿＿＿＿＿＿＿＿＿＿＿＿＿＿＿＿＿＿＿＿＿＿＿

＿＿＿＿＿＿＿＿＿＿＿＿＿＿＿＿＿＿＿＿＿＿＿＿＿＿＿＿＿＿＿

参考答案

中考真题回放

❶ 科学家所做的就是把不可能之事变为可能。他们的目光永远不会局限在当下，而是放在长远的未来。他们所做的，常常是被普通人视作天方夜谭的，而他们将要做的，就是将这些看似不可能的幻想变成现实。因此比埃尔·居里才会说"必须将生活变成梦，再把梦变成现实"。

❷ (1) 消去了功名利禄之欲念，放弃了贪图享乐，淡泊名利，全心全意地为了科学研究而奉献终生。

(2) 科学家在实验室中的工作是极其艰辛的，每一个伟大的想法都要用千百次的实验来印证，科学发现是科学家们日积月累的劳动成果，所以科学家的工作并不像常人想象的那么悠闲自在。

(3) 三个问句表达了居里夫人此刻心中的忧伤、激动和愤慨。在居里夫人心中，比埃尔·居里不仅是她深爱的丈夫，也是民族的英雄、科学的先驱者。他的一生是无私奉献、硕果累累的一生，他的每一项发现都足以造福后世。可就是这样一个伟大的科学家，却始终没有一个属于自己的实验室供他更好地进行科学研究。因而居里夫人的这些话，是对无视科学重要性、不能提供优良实验条件的政府和社会的拷问，每一个问句都暗含了她因丈夫受到的不公正待遇而产生的悲愤和不甘。

❸ 勇敢、正义，以及反抗精神；忠诚爱国、侠肝义胆的英雄情怀；钢铁般的意志和为理想而献身的精神；为了追求崇高理想而放弃贪图享乐的行为

阅读达标训练

❶ C

❷ 让·佩兰所指的是比埃尔·居里高尚的品德、聪明的头脑，以及那种时刻为了科学研究而奋斗的迫切感。

❸ (1) 大公无私：指办事公正，没有私心。现多指从集体利益出发，毫无个人打算。

忠心耿耿：忠诚的样子，形容非常忠诚。

（2）因为居里医生是一个具有奉献精神的医生，在其他医生害怕自己被霍乱传染的时候，只有他始终秉持着医生的信条，义无反顾地搬到霍乱肆虐的街区救治病人。

（3）居里医生是一个真正伟大的医生，他无私、英勇，有一颗悬壶济世拯救众生的医者仁心。

❹ 童年时期的比埃尔·居里深受其父居里医生的影响，从小便随父亲一起救治伤员，这也给他幼小的心灵留下了难以磨灭的深刻印象。和这些惊心动魄的经历相比，其他那些记忆自然就显得微不足道、印象不深了。

❺（1）瞠目结舌。

（2）居里夫妇是著名的放射性元素——"镭"的发现者，他们是科学界首屈一指的著名科学家，受人尊敬。他们的身上有太多的荣誉和光辉，可这样一对伟大的科学家，却隐居在这样一个毫不起眼的小村庄，过着低调内敛的生活，和周围的那些村民毫无二致，正是因为如此，前来采访的记者才会十分惊讶。